몬드라곤의
기적

몬드라곤의 기적
— 행복한 고용을 위한 성장

초판 1쇄 발행 2012년 1월 9일
초판 2쇄 발행 2012년 7월 25일

지은이 김성오
펴낸이 정순구
책임편집 조수정
기획편집 조원식 정윤경 박지석
마케팅 정순구 황주영
디자인 조원식

출력 한국커뮤니케이션
용지 한서지업사
인쇄 한영문화사
제본 한영제책사

펴낸곳 (주) 역사비평사
등록 제300-2007-139호(2007. 9. 20)
주소 110-260 서울시 종로구 가회동 173번지 3층
전화 02-741-6123~5
팩스 02-741-6126
홈페이지 www.yukbi.com
전자우편 yukbi@chol.com

ⓒ 김성오, 2012
ISBN 978-89-7696-280-5 03330

몬드라곤의 기적

행복한 고용을 위한 성장

김성오 지음

역사비평사

몬드라곤의 기적 / 차례

책머리에

벌써 20여 년이 흘렀다. 1992년 9월 『몬드라곤에서 배우자』를 처음 번역해서 세상에 내놓았을 때, 나는 20대 후반의 야심만만하고 활기 넘치는 청년이었다. 세상에 대한 두려움은 없었다. 잠자는 시간을 빼면 조직 활동과 집필이 생활의 전부였다. 낮에는 협동조합을 만드는 프로젝트를 진행하거나 조합원들을 교육하러 다녔고, 밤에는 새벽까지 글을 쓰는 바쁜 나날이었다. 나는 매일매일 협동조합주의자가 되어갔다.

협동조합주의자가 되기 전, 그러니까 이 책을 만나기 전 1984년부터 90년까지 나는 사회주의 혁명을 꿈꾸며 실천하고 있었다. 노동야학과 위장취업, 노조 조직화와 사상투쟁으로 점철되었던 7년 내내 눈빛은 살기를 띠었고 체지방률은 제로에 수렴했다. 그즈음 내 또래의 선배, 후배, 친구들의 상황도 크게 다르지 않았다. 우리는 사실 앞으로 닥칠 전국적인 봉기에 대비하고 있었다.

하지만 민중봉기가 먼저 일어난 곳은 사회주의 종주국 소련과 동유럽의 '동지국'들이었다. 마오의 나라 중국 또한 자본주의를 본격적으로 받아들이기 시작했다. 북한의 경제난은 심화되었다.

소련의 붕괴는 너무나 놀라운 일이었다. 아니, 황당하다는 표현이 적당할 것 같다. 무엇과 비교할 수 있을까? 한 남자가 한 여자를 마음속 깊이 사모하고 있었다. 남자는 매일 그 여자를 생각하며 연애편지를 썼다. 하지만 소중한 이에게 편지를 보내는 일조차 죄스러워 매일 새로 쓴 편지를 품에 안고 잠들었다. 7년쯤 지나, 남자는 길거리에서 우연히 꿈에도 그리던 여자를 만나게 되었다. 여자는 남자에게 퉁명스럽게 말했다. "실은, 난 여자 옷을 입고 다닌 남자다." 남자가 느꼈을 기막힘이 그때의 황당함과 비교될 수 있을까?

1990년 말 공장 활동을 접고 몇 개월간 앓아누웠다. 몸과 마음이 많이 상한 상태였다. 명상과 절, 독서와 등산으로 소일하며 짧지 않았던 20대를 되돌아보고 있었다. 그즈음 이남곡 선배로부터 몬드라곤 협동조합 이야기를 처음 듣고, 그와 관련된 책을 10여 권 얻었다. 세 권은 영어책이었고 나머지는 일어책이었는데, 그중 가장 마음에 드는 책이 한 권 있었다. 윌리엄 화이트와 캐서린 화이트 부부가 쓴 *Making Mondragon*이라는 책으로, 바로 『몬드라곤에서 배우자』의 원서이다. 번역은 약 1년에 걸쳐 진행되었다. 그 사이 건강은 회복되었고 눈빛도 다시 반짝이기 시작했다. 1992년, 나는 '자본주의의 부정의와 사회주의의 비효율을 넘어선 정의와 효율의 통일'이라고 책의 부제를 붙였다(복간본은 시대 변화를 감안해 '해고 없는 기업이 만든 세상'으로 부제를 바꾸었다).

책이 출간되고 일곱 해쯤 지나 미국 사회학회 회장을 역임한 뛰어난 사회학자 윌리엄 화이트 교수가 별세하셨다. 몬드라곤은 지금도 마찬가지지만 그때도 계속 변화하고 있었다. 내겐 큰 걱정거리가 하나 생겼다. '10년에 한 번은 이 책을 개정해야 하는데, 누가 하지?' 아니나 다를까, 2000년쯤부터 협동조합 종사자들이나 연구자들은 이 책의 후속판을 내야 한다고 나를 압박해왔다. 하지만 윌리엄 화이트 교수가 작고하신 마당에 그 일은 감히 진행하기 힘든 작업이었다. 시간도 없었지만 내 실력으로는 엄두가 나지 않는 일이었기 때문이다.

책이 출간되고 20여 년이 흘렀지만 나는 실천적인 면에서나 학문적인 면에서나 아직 한참 미숙성한 상태라는 것을 잘 알고 있다. 현장운동에서는 성공보다 실패를 훨씬 더 많이 겪었고, 총기는 더욱 희미해지고 독서량은 줄었으며, 글쓰기는 더욱 낯설어졌다. 더욱이 2002년부터는 협동조합 현장에서 한 발 떨어져 있는 상태이기도 했다. 그러나 나는 여전히 협동조합주의자이고 앞으로도 계속 그러할 것이다. 최근 들어 나는 이 일을 더 미루기 힘들다는 판단을 하고 '무모한 용기'를 내게 되었다.

1992년 당시 나는 사회주의 붕괴 이후 새로운 길을 찾고 있는 비슷한 처지의 동료들에게 이 책을 선물하고 싶었다. 몬드라곤을 통해 뭔가 다른 희망을 찾도록 돕고 싶었던 것이다. 하지만 지금 몬드라곤은 그때와 달리 자본주의냐 사회주의냐, 아니면 제3의 무엇이냐 하는 거대 담론의 측면보다는 우리에게 좀 더 구체적이고 생활에 밀착된 문제의 해결책을 찾는 데 영감을 주고 있다고 생각한다. 바로 일자리 문제, 고용 문제이다. 더 나아가 몬드라곤의 경험은 우리에게 기존 '성장 패러다임'에 대한 재검토를 요구하고 새로운 성장 패러다임을 찾는 실마리를 제공한다는 느낌이 들었다.

우리 국민은 바야흐로 보편적 복지국가로 가는 대장정을 시작했다. 보편적 복지국가로 가는 데 가장 기본적인 것은 보편적 복지국가에 맞는 성장 패러다임을 새로이 마련하는 일이다. 『몬드라곤의 기적』 5부에서 본격적으로 다루겠지만, 우리가 선택해야 할 성장은 '행복한 고용, 질 좋은 고용을 위한 성장'이라고 생각한다. 몬드라곤은 기업 차원에서 이런 성장 전략을 가장 명료하게 실천하고 있는 사례다. 나는 주로 이 문제에 집중하면서 『몬드라곤의 기적』을 구상했고, 부족한 실력으로나마 한 글자 한 글자 20년 전과 마찬가지로 독수리 타법에 의존해 — 나는 아직도 컴퓨터 한글 자판을 다 익히지 못했다 — '무모한 글쓰기'를 감행했다.

역사비평사의 처음 제안은, 옛날에 나왔다가 절판된 『몬드라곤에서 배우자』의 번역을 다듬고 그 안의 「역자 보론: 진보운동의 새로운 방식과 한국 사회의 미래」 비중을 크게 늘려(보론이 아닌 본문의 한 꼭지로 구성) 변화된 상황과 발전된 논의를 반영한 새로운 책을 한 권 만들어보자는 것이었다. 그러나 나는 이 제안에 응할 수 없었다. 왜냐하면 『몬드라곤에서 배우자』는 윌리엄 화이트 교수의 마지막 저서이고 그 자체로 너무나 완벽한 연구보고서인 데다, 감히 나 따위가 손댈 수 없는 역작이기 때문이다. 나는 수정 제안을 했다. 기존의 책을 용어나 어법만 현실에 맞게 약간 손봐서 복간하고, 1992년 이후 20여 년간 진행된 몬드라곤의 경험과 그것이 한국에서 가지는 의미 등을 새로 정리하여 다른 한 권으로 내자는 것이었다. 그리하여 한 권은 번역서(『몬드라곤에서 배우자』), 또 한 권은 집필서(『몬드라곤의 기적』)라는 독특한 2부작의 조합이 만들어졌다. 내 제안을 기꺼이 받아준 역사비평사에 이 자리를 빌려 감사드린다. 그리고 돌아가신 윌리엄 화이트 교수께는 나의 무례함에 대해 마음속 깊이 사죄드린다.

『몬드라곤에서 배우자』를 다시 읽으면서 20년 전과 마찬가지로 큰 감동을 받았다. 1940년대 초부터 시작된 호세 마리아 아리스멘디아리에타 신부의 헌신적인 노력과 초기 설립자들의 희생과 열정이 가슴을 먹먹하게 했다. 그들이 눈앞에 닥친 수많은 문제를 해결해온 긴 과정에서 노동자생산협동조합의 원칙, 즉 자본 주도가 아닌 노동 주도의 기업 운영 원칙을 견지하기 위해 지새웠을 불면의 밤들이 나를 잠들지 못하게 했다. 그들은 점점 거칠어지는 시장 환경 속에서 원칙을 지키기 위해 싸웠다. 시장의 승자가 되어야 할

뿐 아니라 원칙도 지켜야 했던 이중의 노고에 경의를 표하지 않을 수 없다.

20년 전『몬드라곤에서 배우자』를 이미 읽어본 독자들은 이번에 다시 한 번 3부와 4부를 다시 한 번 정독해주길 바란다. 만약 몬드라곤을 처음 접하는 독자라면『몬드라곤의 기적』1부와 2부를 먼저 읽은 뒤에『몬드라곤에서 배우자』를 읽어볼 것을 권한다. 혹은 2011년 3월에 방영된〈KBS 스페셜〉의 '몬드라곤의 기적'이라는 다큐멘터리를 먼저 감상하고『몬드라곤에서 배우자』를 읽기 시작하는 것도 좋은 방법이다. 이 프로그램은 내가 화이트 교수의 책을 번역하기 전 참고했던 1980년대 초반 영국 BBC 제작 영상물보다(한살림에서 김민기 씨의 목소리로 더빙했다) 화질이나 내용 모두에서 한 단계 진전된 작품이다.

『몬드라곤의 기적』1~3부에서는 몬드라곤 협동조합의 현황과 조직구조, 최근 20여 년간의 진화 과정, 그리고 몬드라곤 협동조합의 원칙을 살펴보았다. 이 부분은 주로 몬드라곤 그룹이 공식 발표한 자료들, 1990년대와 2000년대에 발표된 연구논문들을 참고했다. 특히 1998년부터 매년 공개된「애뉴얼 리포트」와 홈페이지에 밝힌 그들의 공식 입장을 중요하게 다루었다. 원칙 부분에서는 국제협동조합연맹이 발표한 몇몇 보고서들도 참고했다.

『몬드라곤의 기적』4부에서는 몬드라곤의 미래에 대한 내 견해를 피력했다. 특히 4부 11장에서는 몬드라곤과 현대자동차를 비교하면서 몬드라곤을 우리 옆으로 가까이 당겨놓으려 시도했다. 기업지배구조와 고용 문제에 대해 고민하는 노동운동가들에게 참고가 될 것이라고 생각한다. 4부 12장에서는 몬드라곤의 미래를 염려하며 몬드라곤 사람들에게 두 가지 제안을 했다.

『몬드라곤의 기적』5부와 6부야말로 내가 무모한 글쓰기를 결심하게 된 계기였음을 밝힌다. 5부에서는 몬드라곤의 경험이 현재 우리에게 어떤 성장 패러다임을 시사하는지 살펴보았다. 기업 활동의 최종 목표는 수익 확대인가, 아니면 고용 확대인가? '자본의 도구적 종속적 성격'은 어떤 의미를 갖는가? 이런 문제들을 살피면서 성장 패러다임의 전면적인 전환을 강조했다.

6부에서는 한국에서 1990년대 이후 겪은 경험과 현황을 간략하게 짚어보고 독자들께 한 가지 제안을 하는 것으로 책을 마무리했다. 이 제안은 내가 협동조합주의자로서 남은 인생을 바치고자 하는 일과 관련되어 있다. 이것은 한국 기업들의 지배구조 변화, 그리고 고용 문제 해결과 관련되어 있는 동시에 하나의 새로운 가능성을 열어두는 일이다.

마지막으로, 이 책을 쓰면서 마음에 품었던 기업지배구조에 대한 나의 진화론적 관점을 미리 밝혀두고자 한다. 기업지배구조는 기업의 오랜 역사 동안 진화해왔고, 앞으로도 진화할 것이다. 나는 협동조합주의자이지만 협동조합 형태가 전 사회에 단 하나의 기업지배구조로 자리 잡는 일은 가능하지도 바람직하지도 않다고 생각한다. 협동조합은 기업지배구조의 여러 형태 중 하나이고, 그 자체도 계속 진화하고 있다. 진화의 방향을 결정하는 것은 기업과 관련된 당사자들, 즉 경영자, 노동자, 소비자, 우리 모두의 의지이다. 우리와 우리 후손들이 기업지배구조 진화의 열쇠를 쥐고 있는 것이다. 많은 사람이 선호하는 형태가 주목을 받을 것이다. 하지만 시간이 흐름에 따라 선호 또한 바뀔 것이다. 진화의 종착점 같은 건 없다. 단지 자본수익률을 최고의 가치로 여기는 대주주 중심의 기업지배구조와 공기업 형태의 기업지배구조에 더해, 협동조합 형태의 기업지배구조가 선택지의 하나로 자리 매김될 수 있었으면 한다. 그럴 경우 진화는 한층 역동적인 과정이 될 것이고, 협동조합 인자가 진화의 우성인자인지 열성인자인지에 대한 판단은 지금보다 훨씬 공정해질 것이다.

단 한 번도 원고를 채근하지 않고 내게 편안한 집필 기회를 준 역사비평사 식구들께 감사드린다. 자료 찾기와 영어 번역을 도와준 친구 김소강, 후배 박노근 광운대 교수, 한국의 다양한 자료들과 프랑스어 자료를 찾아준 김신양, 장종익 씨에게도 이 자리를 빌려 감사드린다.*

2011년 10월, 김성오

• 『몬드라곤의 기적』 15장에서 자활공동체운동과 노동자기업인수운동 관련 부분은 김신양의 미발표 원고 「대안경제활동의 의미와 현황」을 참고했고, 사회적 기업에 관련된 내용은 장종익의 2010년 발표 원고 「한국 협동조합 센터의 발전 방향과 사회적 기업과의 연계 가능성」을, 그리고 원주 지역에서의 새로운 실험에 관한 내용은 우영균의 2009년 발표 원고 「이종 협동조합 간 연대에 의한 지역공동체운동 사례 연구」와 장종익의 원고를 참고했음을 밝힌다. 세 분에게 감사의 뜻을 전한다.

| 1부 |

몬드라곤의 현황과 조직구조

몬드라곤이란 무엇인가

몬드라곤은 스페인 바스크 지역에 위치한 도시 자체를 가리키는 이름이기도 하지만, 이곳에서 1940년대부터 주임신부 호세 마리아 아리스멘디아리에타의 주도로 시작된 노동자생산협동조합운동을 일컫기도 한다. 몬드라곤은 1956년 가스난로와 가스취사도구를 만들었던 첫 번째 협동조합 '울고'가 설립된 이후 1960~1980년대를 거치면서 거대한 협동조합으로 성장했다.

2010년 현재 몬드라곤은 약 260개 회사가 금융, 제조업, 유통, 지식 등 4개 부문을 포괄하는 하나의 기업 집단으로 조직되어 있다. 한국으로 따지면 일종의 재벌 기업이라 할 수 있는데, 단지 그 주인이 특정 가문이 아니라 회사에서 직접 일을 하는 노동자들이라는 점에서 차이가 있다. 즉 몬드라곤은 노동자들이 회사를 소유하고 경영자를 선임하며 경영 전체를 관리·감독하는 체제이다.

기업의 전체 자산은 우리 돈으로 환산할 때 약 53조 원, 제조업과 유통업 부문의 2010년 한 해 매출은 대략 22조 원 정도 규모이다. 약 8만 4,000명의 노동자들이 일을 하고 있는데, 이 가운데 3만 5,000여 명이 출자금을 낸 노동자 조합원, 즉 주주들이고 나머지는 점차 조합원으로 전환되고 있는 비조합원 노동자들이다. 해외에 80여 개에 가까운 생산공장을 갖추고 있으며, 제조업 매출의 약 60%는 수출을 통해 올린 해외 매출이다. 제조업에서 핵심

사업은 가정용품의 생산·판매로, '파고르'라는 브랜드가 널리 알려져 있다. 스페인을 비롯한 유럽은 물론이고, 미국과 남아메리카, 중국과 러시아, 그리고 동남아시아 시장에서 파고르 브랜드의 냉장고나 세탁기를 쉽게 찾아볼 수 있다. 한국은 삼성이나 엘지 등 워낙 세계적인 가전 브랜드가 시장을 장악하고 있기 때문에 아직 진출하지 못했다.

몬드라곤에 소속된 유통 부문의 핵심 기업 '에로스키'는 소비자협동조합이며, 스페인과 프랑스에 약 2,100개의 매장을 갖고 있다. 우리나라로 치면 홈플러스나 이마트 정도의 수준이라고 보면 된다. 금융 부문의 핵심 기업인 '노동인민금고'는 스페인에서 5위권 안에 드는 대형 은행으로, 전국에 420여 개의 지점을 갖고 있다. 이 밖에도 몬드라곤에는 공학부·경영학부·인문학부를 포괄하는 몬드라곤대학교가 있고, 바스크 지역에서 가장 유명한 기술연구소들이 소속되어 있다.

이 모든 일을 지난 55년 동안 평범한 노동자 조합원들이 이뤄냈다. 이 책의 전사前史격인 『몬드라곤에서 배우자』는 1940년대부터 1980년대 말까지 몬드라곤의 초기 형성 과정과 정착 과정을, 이 책은 1990년대 이후부터 현재까지 변화를 다룬다.

01
1992년 이후의 주요한 변화

협동조합의 통합 : 민주와 집중, 분산과 효율의 문제

1941~1990년까지 몬드라곤의 역사를 다룬 『몬드라곤에서 배우자』

이 책의 전사前史격인 『몬드라곤에서 배우자』는 미국에서 1988년에 초판, 1991년에 증보·개정판이 출간되었다. 그 책에서 화이트 부부(Whyte William Foote & Whyte Kathleen King)는 호세 마리아 아리스멘디아리에타 신부가 몬드라곤에 도착한 1941년부터 시작하여 1956년 첫 번째 협동조합 울고의 탄생, 노동인민금고와 사회보장협동조합 라군—아로의 설립, 그리고 기술연구소와 학교 설립까지 다루고, 이후 1980년대 전반의 극심한 불황기에 몬드라곤이 그 위기를 어떻게 대처해갔는지에 대해 썼다. 화이트 부부가 처음 집필할 당시의 다소 불명료했던 몬드라곤 전체의 변화에 대해서는 개정판에서 보강했다. 하지만 그 책의 개정판이 출간되는 시점부터 몬드라곤의 변화는 본격적으로 시작되고 있었다.

몬드라곤의 통합 작업

변화는 몬드라곤 협동조합을 명명하는 이름을 공식적으로 정하는 것에서 시작되었다. 그 명칭이 바로 '몬드라곤 협동조합 복합체(Mondragón Corperación Cooperativa, 약칭 MCC)'이다.

1980년대까지 몬드라곤은 120여 개가 넘는 개별 협동조합들의 느슨한 연합체였는데, 노동인민금고와 '연합협정'— 이 협정은 일정한 구속력을 갖고 있었다 — 을 맺은 여러 제조업협동조합들이 활동했다. 연합협정에는 개별 협동조합이 지켜야 할 협동조합의 원칙이 명시되어 있었고, 노동인민금고는 이를 지키지 않으면 거래를 끊는 방식으로 이들을 하나로 묶어두고 있었다. 제조업협동조합 외에 이를 지원하는 사회보장협동조합 라군-아로, 기술연구소, 기술학교 등 지원적 성격의 협동조합, 그리고 에로스키 소비자협동조합이 있었다.

라군-아로는 몬드라곤 노동자 조합원들이 자체적으로 만든 사회보장 시스템으로, 협동조합의 노동자 조합원들이 노동자도 자영업자도 아니라는 이유로 스페인의 국가적 사회보장 시스템에서 불이익을 받게 되자 스스로 만든 조합이다. 라군-아로는 의료보험, 고용보험, 산재보험, 국민연금의 기능을 모두 포괄하고 있다.

제조업협동조합과 노동인민금고, 사회보장협동조합과 소비자협동조합, 그리고 기타 지원 협동조합 전체를 하나로 묶어서 부르는 이름은 없었다. 이들이 하나의 통합된 조직으로 편제되어 있지도 않았다. 그러다가 1986년 들어 이들 전체를 묶는 '협동조합 의회(MONDRAGON Congress)'라는 대의기구가 출범했다. 그 산하에는 상임위원회(Standing Comitee)와 총이사회(General Council)가 만들어졌다. 그리고 통합 명칭을 '몬드라곤 협동조합 복합체'라고 붙였는데, 이 명칭은 1991년부터 2006년까지 15년 동안 통용되었다. 1991년이 되어

서야 이들은 비로소 이름을 갖고 하나의 통합된 조직으로 묶이게 된 것이다.

  이름은 2006년 몬드라곤의 첫 번째 협동조합 울고 설립 50주년을 맞이했을 때 다시 한 차례 바뀐다. 현재 이들이 사용하는 통합 명칭은 그냥 '몬드라곤(MONDRAGON)'이다. 이 이름을 채택한 이유는 두 가지였는데, 하나는 세월이 흘러 2세대 조합원들이 다수를 차지하고 있는 상황에서 몬드라곤의 노동자 조합원들에게 스스로의 정체성을 환기시켜야 한다는 생각이 작용했고, 또 다른 하나는 몬드라곤 바깥의 많은 사람이 그저 몬드라곤이라고 부르는데 더 익숙하다는 점 때문이었다.

  1991년 이후 몬드라곤은 통합 명칭과 통합 조직을 갖추는 데서 더 나아가 소속 협동조합들을 몇 개의 그룹으로 통합했다. 노동인민금고와 라군-아로를 중심으로 한 금융 그룹, 파고르 전자를 중심으로 하는 제조업 그룹, 에로스키 소비자협동조합을 중심으로 한 유통 그룹, 그리고 기술연구소와 교육기관을 중심으로 한 연구·교육 그룹 등 4개의 그룹이다. 제조업 그룹은 업종별로 7개(2003년부터는 8개) 소그룹으로 편재되었다. 이 조직체계는 2006년 이름이 바뀌는 것과 함께 다시 한번 변화되었다. 즉 4개의 그룹은 금융 부문, 제조업 부문, 유통 부문, 지식 부문으로 명칭이 재편되었다. 제조업 부문은 기존 8개 소그룹에서 12개 소부문으로 세분화되었다.

  몬드라곤이 통합 경영체계를 갖춘 것은 1986년에서 1992년까지 진행된 유럽의 경제통합에 효과적으로 대응하기 위해서였다. 또한 장기적으로는 세계화의 과속 진전에 대응해 글로벌 경쟁력을 확보해야 되기 때문이었다. 몬드라곤은 1990년에도 제조업 부문 생산량의 30%가량을 해외에 판매하고 있었는데, 문제는 스페인 내수 시장을 차지하고 있는 70%였다. 유럽 시장이 통합되면서 관세장벽이 철폐됨에 따라 스페인 내수 시장에서 유럽의 초국적 기업들과 관세 프리미엄이 없는 진검승부를 펼쳐야 하는 상황이 전개되었다.

2006년 설립 50주년을 맞이한 몬드라곤 | 호세 마리아 신부의 다섯 제자는 1956년 최초의 노동자생산협동조합인 '울고'
를 설립했다. 2006년은 울고 창립 50주년을 맞이한 해로, 이때 몬드라곤은 자신을 부르는 이름을 '몬드라곤 협동조합
복합체'에서 '몬드라곤'으로 바꾼다. 몬드라곤은 2006년 통합 명칭을 바꾸는 것과 동시에 조직체계도 4개(금융,
제조업, 유통, 연구·교육) 그룹(Group)에서 4개(금융, 제조업, 유통, 지식) 부문(Area)으로 재편했다. 위의 사진은
울고 창립 50주년 기념 음악회의 모습이고, 아래 사진의 구조물은 현재 몬드라곤을 나타내는 로고이다.

몬드라곤 사람들은 기업 내부 혹은 협동조합 간 연대에서 '효율과 집중'의 중요성을 더욱 강조하지 않을 수 없는 상황으로 내몰린 것이다.

1990년 무렵부터 본격적으로 시작된 통합 작업을 위한 토론은 1년이 채 걸리지 않아 1991년 '몬드라곤 협동조합 복합체(MCC)'의 형성으로 결론이 났다. 짧은 기간이지만 몬드라곤 사람들은 이 같은 변화의 방향에 대체로 동의했던 것으로 보인다.

1990년 파고르의 이사장 헤수스 헤라스티는 이렇게 말했다.

> 우리는 유럽 통합과 개척자들(협동조합 설립자들)의 은퇴라는 결정적인 국면을 맞이하고 있다. 이것은 경제적 위기 국면과도 겹치고 있다. (…)
> 새로운 틀 내에서, 사회적 관계들과 함께 우리를 결합시키는 것은 바로 제품일 것이다.

파고르 협동조합의 경영자 중 한 사람은 몬드라곤의 통합을 가능케 한 추동력이 '성숙한 조직에서의 예측 가능한 발전 단계'라고 썼다.

> 협동조합들은 협동조합으로서 효과적으로 일할 시간과 에너지를 투여할 의지 부족에 직면했다. 노동자 참여에 의한 전통적 방식은 너무 많은 시간이 걸리고 젊은 세대는 다른 곳에 시간과 에너지를 투여하려고 한다. 개인주의가 더 성행하고, 함께 일하는 것에 대한 관심이 줄고 있으며, 더 많은 보수만 원하고 있다. 그들은 더 크고 더 능력 있게 보이도록 이미지를 강화해야 한다고 말한다. 나는 우리가 이런 능력을 갖기 위해 얼마나 더 커져야 할지 알 수 없다.

통합은 몬드라곤에 몇 가지 중요한 이점을 제공했다. 일단 몬드라곤의 모든 협동조합과 기업이 통일된 상표를 갖게 되었다는 점이다. 통일된 상표는 몬드라곤 전체의 경쟁력을 강화시켰고 인적자원과 기술자원을 비롯하여 모든 자원을 효과적으로 배분할 수 있게 해주었다. 개별 협동조합들은 일정한 독립성과 함께 통합의 이점도 공유했다.

민주와 집중, 분산과 효율이라는 오래된 논쟁, 그 속의 몬드라곤

그러나 이러한 통합 경영체계를 만든 몬드라곤은 협동조합을 비롯한 모든 조직과 단체의 진화 과정에서 발생하는 '해묵은', 하지만 '결코 사라질 수 없는' 영원한 논쟁 주제와 본격적으로 맞부딪쳤다. 바로 민주와 집중, 분산과 효율의 문제이다.

협동조합은 산업혁명 시기에 탄생한 뒤로 지금까지 민주주의의 학교 역할을 담당해왔다. 1800년대 중반 로치데일 소비자협동조합이 영국에서 시작된 이후 1차 세계대전이 끝난 1920년대까지 미국이나 유럽에서조차 여성이 남성과 똑같이 동등한 한 표의 권리를 행사할 수 있었던 곳은 혁명적인 노동조합을 제외하곤 협동조합이 유일했다. 당시 노동조합에 여성 노동자들의 숫자가 많지 않았다는 사실을 감안하면, 협동조합은 여성이 남성과 동등한 투표권을 행사할 수 있는 거의 유일한 기관이었다. 협동조합의 조합원들은 모두 평등한 주체로 인정되었고, 협동조합은 '1인 1표' 원칙에 기반한 민주적 원리로 운영되었다.

협동조합의 권력은 조합원들에게 평등하게 분산되어 있었다. 이들은 경영자를 선출하고 매년, 매분기 협동조합의 사업 실적을 보고받는다. 협동조합 경영에서 발생하는 아주 사소한 일도 조합원들의 판단에 맡겨진다. 물론 조합원들에 의해 선출된 경영자가 권한을 남용하여 과도한 결정권을 휘둘렀던 사례가 과거에 많이 존재했고 현재도 여전히 그런 사례가 아주 없지는 않지만, 기본적으로 경영자는 3~4년에 한 번씩 재선출되는 과정을 거쳐야 한다.

몬드라곤뿐 아니라 모든 협동조합운동에서 조합의 규모가 커지고 동일한 종류의 협동조합들이 각 지역에서 많이 생겨날 경우, 이들 간에 연합체가 만들어지는 것은 매우 일반적인 현상이다. 특히 1960년대 이후 세계경제에서 초국적 기업과 초국적 자본이 본격화되는 상황에서 협동조합 간의 연대와 연합은 협동조합의 시장 영향력을 보호하고 확대하는 데 매우 중요한 과제로 인식되었다.

협동조합 간의 연합은 대개 동일한 종류의 협동조합들에서 먼저 이루어진다. 한국에서 농협중앙회, 신협중앙회, 새마을금고연합회, 생협연합회 등은 전국 어디를 가나 쉽게 접할 수 있는 동일 종류 협동조합 연합이다. 이렇게 동일 종류 협동조합의 연합체가 만들어져 사업적 측면의 연대가 이루어질 경우에는 언제나 민주와 집중, 분산과 효율이라는 논쟁 주제에 부딪치게 된다. 연합이 이루어지기 전에 개별 협동조합원들이 갖고 있던 결정권은 연합체가 구성된 후 약화되는 경향을 띤다. 연합기구로 권력이 과도하게 집중되는 현상이 일반적인 데다, 개별 협동조합의 조합원들은 이 권력 기회에서 하찮은 존재로 전락해버리는 경우가 많이 발생하는 것이다. 연합기구의 사람들은 협동조합 전체의 '효율'을 위해 이런 현상이 불가피하다고 역설하고, 심지어 자신들에게 집중되는 권력을 정당화하려고 한다. 사실 이러한 경향은 협동조합에서만 일어나는 것은 아니다. 인간사회의 모든 조직에서 흔히 발생하는 일이다.

동일 종류의 협동조합 간 연합뿐만 아니라 서로 다른 종류의 협동조합들 간에도 연대와 연합은 일상적으로 이루어진다. 한국에서는 2001년 처음 '한국협동조합협의회'가 만들어졌는데, 1년에 한 번씩 각 협동조합의 중앙회장들이 만나고 있다. 유럽에는 전국적인 협동조합 연대기구가 복수로 존재하기도 하는데, 이탈리아의 경우 정치적 성향에 따라 좌, 우, 중도적 성격의 협동조합 연합기구가 있다. 북유럽에서는 협동조합의 전국 연합기구들이 '협동조합 블록'을 형성하여 기존 협동조합의 발전과 신규 협동조합의 촉진을 도모하고 있다. 하지만 다른 종류의 협동조합 간 연대와 연합은 사업적 측면보다 협동조합운동의 정치적 사회적 활동에 초점이 맞춰져 있다. 전 세계 협동조합의 연합기구로는 국제협동조합연맹(ICA)이 있다.

협동조합운동에서 벌어지는 연대·연합의 일반적인 모습과 달리 몬드라곤의 협동조합 간 연대는 서로 다른 종류의 협동조합들을 하나의 사업체로 묶은 매우 특이한 모습을 띠고 있다. 몬드라곤은 일반적인 협동조합 연합체라 기보다는 오히려 '기업 집단'의 성격을 강하게 갖고 있다. 몬드라곤의 상임위원회와 총이사회는 기업 집단의 전략기획 부서 또는 사장단 회의와 비슷한 역할을 하고, 경영 정보의 취득과 처리 능력에서 개별 협동조합의 경영진이나 조합원들에 비해 훨씬 앞서 있다. 1998년 몬드라곤의 가장 오래된 협동조합인 파고르의 경영진은 '몬드라곤 협동조합 복합체(MCC)' 경영진에게 보낸 네 가지 우려 사항 중의 하나로 권력이 최고위층에 지나치게 집중되어 있다는 점을 지적하기도 했다.

현재진행형의 사례, 몬드라곤

1980년대까지 '민주와 분산'의 원칙에 충실한 몬드라곤을 접했던 외부인들에게 1990년대 이후의 변화는 몬드라곤을 훌륭한 협동조합에서 '그렇고 그런' 기업 집단으로 타락시킨 것처럼 보였을지도 모르겠다. 필자는 1992년 『몬드라곤에서 배우자』가 출간된 이후 몬드라곤에 열광했던 사람들 중 일부가 몬드라곤의 변화에 비판적인 입장으로 돌아서는 것을 목격하고, 그들과 많은 토론을 벌인 적이 있다.

민주와 집중, 분산과 효율에 관한 오래된 논쟁은 1992년 이후 몬드라곤의 변화 과정을 지켜보면서 좀 더 차원 높은 논쟁으로 발전할 수 있을 듯하다. 협동조합은 시장에서 살아남지 않으면 운동으로 존립할 수 없다. 하지만 존립 자체가 협동조합의 목표는 아니며 존립시키는 과정에서 협동조합 본연의 원칙이나 이상을 잃어버리고 평범한 기업으로 되돌아갈 수도 있다.

협동조합은 자신을 존립시킴으로써 주변에 서서히 영향력을 확대하고, 더 나아가 자신과 같은 경영 모델을 재생산함으로써 사회 전체를 더욱 건강하게 만드는 것을 궁극적인 목표로 삼는다. 1956년 첫 번째 협동조합 울고가 설립된 이래 몬드라곤 사람들이 원칙과 현실 사이에서 했던 숱한 고민들은 '몬드라곤 경험'의 가장 중요한 축을 이루고 있다. 어디까지를 반드시 고수해야 할 원칙으로 설정하느냐의 문제에 대해 그들은 끊임없이 고민하고 있다. 앞으로도 그 고민은 계속될 것이다.

따라서 우리는 몬드라곤의 경험을 완성된 본보기나 지고지순의 사례로 받아들여서는 결코 안 된다. 끊임없이 변화하고 있으며 앞으로도 변화할 수밖에 없는 '현재진행형의 사례'로 몬드라곤을 인정하는 것이 바람직한 태도일 것이다. 그 과정에서 우리가 어떤 교훈을 얻을지가 초점이 아닐까?

몬드라곤의 글로벌화

해외 고용 비중의 확대

통합 다음으로 몬드라곤에서 일어난 두 번째 큰 변화는 몬드라곤의 글로벌화라고 할 수 있다. 〈그림 1-1〉에서 보듯 1989년에는 제조업 전체 매출의 약 25%가 해외 매출이었는데, 2009년에는 비중이 60%로 늘어났다.

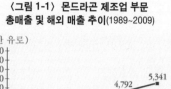

〈그림 1-1〉 몬드라곤 제조업 부문
총매출 및 해외 매출 추이(1989~2009)

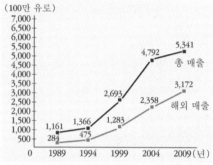

〈그림 1-2〉 몬드라곤 전체 고용의
지역별 비중(2009)

　고용의 측면에서도 해외 고용의 비중이 점점 확대되었다. 2009년에는 현재 몬드라곤 전체 고용의 약 19%인 16,000여 명이 해외 고용 형태였다. 전체 고용 중 39.4%는 바스크 지역에, 41.6%는 바스크 이외의 스페인 지역에 존재했다. 해외 고용의 비중은 바스크 지역 고용의 거의 절반에 육박하고 있다. 이런 수치로만 본다면 몬드라곤은 이미 글로벌화된 초국적 기업 집단의 성격을 갖고 있다. 해외 고용의 비중은 2010년 현재 18개국 77개의 생산설비 및 공장과 9개 해외 사무소에 근무하는 사람들을 모두 포함한 숫자이다. 해외 생산설비는 2000년 이후 매년 평균 4~5개씩 늘어나고 있다.

　몬드라곤의 글로벌화는 1980년대 중반부터 본격화되었다. 1998년 몬드라곤의 한 핵심 경영자는 다음과 같이 말했다.

　스페인은 막 유럽공동체에 가입할 참이었다. 스페인은 유럽에서 들어오는 제품들에 강력한 관세를 부과하고 있었는데, 반대로 스페인에서 유럽으로 나가는 제품들에는 관세가 없었다. 몇 년 후 관세는 없어졌다. 나는 관세가 사라지고 모든 나라의 제품이 스페인에 들어오게 된 것이 1986년이었다고 기억한다. 사회주의 몰락 이후 지난 몇 년간 가장 중요한 경제적 변화는 각국 경제의 세계화 과정일 것이다. 이 시기에 우리는 세계화에 적응하지 않으면 안 되었다. 첫 단계는 생산설비에 공격적으로 투자하는 것이었다. 우리는 모든 생산라인과 제품을 완전히 혁신했다. 두 번째 단계는 더욱 공격적으로 전개했는데, 세계시장을 개척하고 확대하는 것이었다. (…) 우리는 세계화에 대응하기로 결정했지만, 당시 해외 사업에 대한 경험은 매우 일천한 수준이었다.

몬드라곤 글로벌화의 두 가지 방향

몬드라곤의 글로벌화는 1990년 이후 두 방향으로 전개되었다. 하나는 협동조합 간의 국제적 연대이고, 다른 하나는 비협동조합 기업으로의 확장이다.

전자의 경우 몬드라곤은 유럽 시장이 통합되고 세계화가 급진전되는 환경에서 사이올란 교육협동조합을 통해 협동조합적인 기업 경영의 원칙을 조합원들과 경영진에게 교육시키고, 훈련된 인력을 국제통으로 만드는 작업을 진행했다. 또한 국제협동조합연맹을 비롯한 전 세계 협동조합 연합기구들과 연대 활동을 강화해나갔다. 이 과정은 전통적인 협동조합운동 원칙과 아무런 충돌도 일으키지 않았다.

문제가 되었던 것은 후자이다. 몬드라곤은 1980년대 불황을 경험한 후 일자리를 창출하기 위해서는 새로운 협동조합을 만드는 것만 고집해서는 안 된다는 걸 알았다. 그리하여 1990년부터 외부에 대한 협력 투자를 본격화해 인수·합병뿐 아니라 합작회사 설립 및 R&D(research and development) 협력 관계를 구축했다. 합작회사와 몬드라곤이 독점적으로 소유한 주식회사 형태의 자회사들은 이제 새로운 성장 동력이자 고용 확대의 수단으로 받아들여지고 있다.

몬드라곤 제조업의 성장과 글로벌화 | 몬드라곤에서 특히 급격한 성장을 보였던 부문은 제조업이다. 매출 규모뿐만 아니라 고용 측면에서도 괄목할 만한 성장을 나타냈다. 몬드라곤은 글로벌화 전략을 통해 해외로 사업을 확장했는데, 2010년 현재 해외에 생산공장 77개를 갖추고 있으며, 전체 고용의 19%가 해외에서 일하는 노동자들이다. 사진은 파고르, 울고 등 몬드라곤의 대표 제조업 생산 부문의 설비를 보여주고 있다.

한 가지는 확실하다. 만일 내가 아르헨티나나 중국, 모로코나 그 밖의 다른 곳에 있게 된다면 아랍 시장이 어떻게 작동하는지 대해 많은 것을 배울 것이라는 점. 또 남미나 중국 시장이 어떻게 작동하는가도 알게 될 것이다. 나는, 우리 제품을 아직 사지 않고 있으나 앞으로 살 가능성이 무궁무진하게 열려 있는 중국에서 그들이 물건을 어떻게 구매하는지를 알게 될 것이다. 우리에게는 아르헨티나에서 반드시 새로운 일자리를 만들어내야 할 사명 같은 것은 없다. 하지만 우리의 프로젝트가 더욱더 발전하기만을 바랄 뿐이다. '머리'는 여기에 있지만 '발'은 '몸'을 유지하기 위해 이용되는 것이다.

1992년 이후 몬드라곤의 글로벌화는 주식회사 형태의 합작회사와 다양한 형태의 자회사 설립, 기업의 인수·합병 등을 공격적으로 진행하는 것으로 나타났다. 현재 몬드라곤의 주요 해외 생산설비가 있는 러시아, 멕시코, 중국, 브라질을 비롯한 동유럽과 인도, 동남아시아 등에서는 몬드라곤과 같은 협동조합 법인을 만드는 것이 쉽지 않다. 이러한 곳에 몬드라곤이 투자한 생산설비들이 주식회사나 사기업 형태로 존재하는 것은 어찌 보면 불가피할 수도 있다.

스페인 내 바스크 이외의 지역에서도 이런 종류의 합작과 주식회사 형태의 자회사들이 설립되었다. 특히 유통 부문의 자회사들은 상당수가 비협동조합 기업으로 존재하고 있다. 이 결과 몬드라곤에 소속된 260여 개 회사 가운데 대략 절반만 협동조합 기업으로 존재하고 있다. 2007년 몬드라곤의 유통 부문 핵심 기업인 에로스키의 조합원 총회에서는 수년 내에 자회사 모두를 협동조합 법인으로 바꾸고 비조합원 노동자를 조합원으로 전환시키기로 결정했는데, 이것이 실행된다 해도 30% 이상의 기업들은 여전히 협동조합이 아닌 형태로 유지될 수밖에 없다.

글로벌화 전략에서 나타나는 문제점

그렇다면 이 경우 어떤 문제들이 제기될 것인가? 가장 비판적인 입장에서는 몬드라곤의 글로벌화를 '다국적기업 행태를 동반한 저임금 노동력 착취'로 본다. 그들은 이를 논증하기 위해 두 가지 사례를 든다.

첫 번째 사례는 몬드라곤 제조업 부문의 오래된 협동조합인 코프레시와 관련 있다. 코프레시는 1963년에 설립된 전자부품 제조 회사인데, 미국 수출을 늘리기 위해 1980년대 후반 멕시코 공장을 지었다. 또한 2000년대 들어 미국으로 수출하는 물량의 상당 부분은 중국 공장에서 생산된다. 멕시코 공장의 노동자들은 스페인에 있는 코프레시 노동자 조합원들 평균 급여의 1/5을, 중국 노동자들은 대략 1/15을 받는다. 물론 멕시코나 중국의 몬드라곤 노동자들이 현지의 다른 회사 노동자들보다 급여가 낮지는 않지만, 이는 몬드라곤의 심각한 급여 불균형이라는 것이다.

두 번째 사례는 2004년 6월 몬드라곤 제조업 부문의 핵심 기업인 파고르 전자가 프랑스의 가전기업 브란트를 인수하는 과정에서 벌어진 일이다. 파고르는 브란트를 인수한 후 원가절감과 경쟁력 제고를 위해 리옹과 또 한 지역의 노동자들을 구조조정했다. 이 과정에서 구조조정에 반대하는 리옹의 노동자들은 몬드라곤이 기업을 인수·합병하고 합병된 기업을 하청계열화하는 것과 자신들을 하청노동자로 전락시키는 것이 다른 다국적기업이나 크게 다를 바 없다고 주장했다. 프랑스 방송은 이들의 투쟁 과정을 그린 〈파고르 사람들과 브란트 사람들〉이라는 제목의 다큐멘터리를 내보내 큰 반향을 불러일으키기도 했다. 이 작품은 파고르 전자의 평화롭고 안정된 협동조합 조합원 노동자들과 고용 불안에 떠는 브란트의 임금노동자들을 대조적으로 보여주고 있는데, 2008년 '아미엥 국제영화제' 2등상을 수상했다. 어떤 사람들은 몬드라곤의 이러한 기업 인수 과정을 지켜보면서 몬드라곤의 발전이 다른 지역 노동자들을 이류 노동자로 전락시키는 '경제적 인종주의'에 의존하고 있다고 비난했다. 보통의 다국적기업이 대주주들을 위해 하청 자회사 노동자들을 착취하는 것처럼 몬드라곤 역시 스페인 바스크 지역 노동자 조합원들을 위해 다른 지역 노동자들의 피와 땀을 빨아들이고 있다는 것이다.

적극적인 글로벌화를 추진하고 있는 몬드라곤이 이러한 비판에서 완전히 자유로워지기는 힘들 것이다. 스페인의 노동자 조합원들과 멕시코, 중국의 노동자들, 그리고 브란트의 노동자들이 비슷한 급여 수준을 책정받고 동일한 복지 혜택을 누리는 것은 거의 불가능하기 때문이다. 어떻게 이것이 가능할 수 있단 말인가? 협동조합의 창시자 로버트 오언이 살아 돌아와서 다국적 방적 공장 '글로벌 뉴라나크'를 만든다 해도 실현될 수 없는 일이다. 그럼 몬드라곤은 세계화 과정에 반대하면서 스페인의 '바스크 둥지'에 머물러 있어야 한단 말인가? 그럴 경우 과연 몬드라곤이 살아남을 수 있겠는가?

이 문제는 4부 '몬드라곤의 미래'에서 좀 더 자세히 논의해보자.

02
지표로 살펴본 2010년 현황

1989~2010년의 기본 지표

윌리엄 화이트가 쓴 『몬드라곤에서 배우자』는 1989년까지의 경제지표를 활용하여 작성되었다. 그 뒤 20여 년간 몬드라곤의 변화를 우리는 앞의 1장에서 '통합'과 '글로벌화'라는 관점으로 살펴보면서 논쟁 지점들을 짚어보았다. 이제 20여 년간의 변화를 주요 지표를 통해 살펴보도록 하자.

『몬드라곤에서 배우자』에서 화폐 단위로 사용한 것은 당시 스페인의 통화 '페세타'였다. 몬드라곤이 통합 경영을 하기 이전인 1989년까지 제조업 부문이나 유통 부문, 그리고 연구·교육 부문을 포함해서 전체 통계를 내거나 다루는 작업이 그리 쉽지는 않았을 것이다. 또한 통합 경영 이전의 상황에서는 전체 통계가 별 의미가 없기도 했다. 몬드라곤에서 제조업 부문을 포함하여 전체 자산에 대한 통계가 정확하게 작성되기 시작한 시점은 2005년부터이다. 〈표 1-1〉에서 1989~2004년까지의 총자산은 노동인민금고의 것이다.

<표 1-1> 몬드라곤 20년간의 기본 지표(1989~2010)

단위: 100만 유로, 명

연도	총자산	순자산(자본)	연결 수입	총매출	총투자	고용
1989	1,661			1,534		22,030
1994	2,746			2,981		25,990
1996	4,402	2,000	216	3,786	271	31,963
1997	5,024	2,369	314	4,368	378	34,397
1998	5,708	1,732	414	5,348	425	42,129
1999	6,364	2,009	460	6,274	522	46,861
2000	7,040	2,295	405	7,065	738	53,377
2001	7,891	2,688	335	8,106	872	60,200
2002	8,474	3,102	370	9,232	683	66,558
2003	9,247	3,281	410	9,655	847	68,260
2004	18,593	3,757	502	10,459	730	70,844
2005	22,977	4,226	545	11,859	866	78,455
2006	27,550	4,696	677	13,390	1,243	83,601
2007	32,840	5,078	792	15,056	2,809	103,731
2008	33,499	4,261	71	15,584	1,324	92,773
2009	33,334	4,284	61	13,819	378	85,066
2010	33,099	4,287	178	13,989	101	83,859

* 1989~2004년 총자산은 노동인민금고의 것

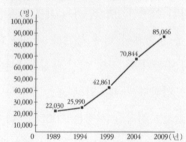

<그림 1-3> 몬드라곤의 고용 추이(1989~2009)

1989~2009년까지 몬드라곤의 고용 추이를 보면 약 4배 성장했음을 알 수 있다.

〈표 1-2〉 몬드라곤의 최근 5년 지표(2005~2010)

단위: 100만 유로, 명, %

항목	2005	2006	2007	2008	2009	2010
사업 성과						
총자산	22,977	27,550	32,840	33,499	33,334	33,099
순자산	4,226	4,696	5,078	4,261	4,284	4,287
연결 수입(기금 자산)	545	677	792	71	61	178
노동인민금고의 자산	11,036	12,381	13,467	17,576	18,614	18,629
라군-아로 교부기금	3,303	3,626	3,898	3,815	4,210	4,478
총수입		14,395	16,377	16,770	14,780	14,755
총매출(제조업 및 유통 부문)	11,859	13,390	15,056	15,584	13,819	13,989
총투자		1,243	2,809	1,324	378	101
고용						
연말 노동 인원	78,455	83,601	103,731	92,773	85,066	83,859
제조업 부문 협동조합의 조합원 비율	81	81.7	80.9	83.0	88.1	85.9
조합원 중 여성 비율	41.9	41.9	42.2	43.5	43.7	43.7
참여						
노동자 조합원의 자본 지분	2,010	2,282	2,290	2,178	2,161	2,204
회사지배구조에 참여하는 노동자 조합원의 수	835	861	873	891	904	892
연대						
지역공동체 기획에 할당된 자원	33	34	39	35	22	16.7
학교 및 교육센터의 학생 수	7,642	7,429	7,255	7,311	8,567	9,282
환경 책임 경영						
ISO 14000 인증서 수	42	45	51	53	54	54
EMAS 인증서 수	4	4	4	4	5	6
미래 대비						
제조업 부문의 R&D 투자 비율	5.5	5.3	4.6	7.1	8.1	8.1
기술센터 수	11	12	12	12	12	14

government bodies

〈표 1-1〉을 통해 20여 년 동안 몬드라곤은 총자산이 20배, 제조업 및 유통 부문의 총매출이 약 9배 성장했음을 알 수 있다. 〈그림 1-3〉에서 보듯, 고용은 약 4배의 신장이 있었다. 〈표 1-2〉는 2005~2010년까지 최근 5년 간의 내용을 자세히 보여준다.

〈표 1-2〉에서 주목되는 부분은 2007년까지 순조롭게 성장하던 몬드라곤이 2008년 세계적인 금융위기를 겪으면서 2009년 총매출이 줄어들었다는 점이다. 반면 제조업 부문의 R&D 투자 비율은 이전보다 더 높아지고 사회보장협동조합 라군-아로의 교부기금 또한 늘어났는데, 이는 몬드라곤의 위기 대처 방식을 암시하는 대목이다. 이 점에 대해서는 이 책의 4부에서 좀더 자세히 살펴볼 것이다.

2007년에 고용 인원이 큰 폭으로 늘어났다가 2008년, 2009년, 2010년에 이르러 줄어든 것은 2007년 유통 부문에서 스페인 내 4위의 유통기업 카프라보(Caprabo)를 인수·합병한 결과이다. 2009년과 2010년의 고용 인원이 줄어든 것은 구조적으로 감소했다기보다는 인수·합병 뒤에 구조조정 과정을 거쳐 2006년 수준으로 돌아갔다고 보는 것이 옳다.

〈표 1-2〉에서 또 한 가지 눈여겨볼 부분은 제조업 부문에서 협동조합 조합원의 비율이다. 제조업 부문에서 총고용 대비 조합원의 비율을 보면 2009년과 2010년에 오히려 그 비율이 이전 해보다 높아졌음을 알 수 있다. 이는 비조합원들이 조합원으로 전환되었기 때문이 아니라 신규 조합원의 고용이 절대적으로 줄어든 데 따른 것이다. 위기를 맞았을 때 신규 고용을 줄이려고 하는 것은 어느 기업이나 하는 방식이지만, 몬드라곤의 경우에 그런 위기를 맞으면 아직 노동자 조합원이 되지 못한 견습 조합원의 비중을 줄여나가는 방식으로 대처했다.

2010년의 대차대조표와 부가가치 변동

2010년은 몬드라곤이 2007년 하반기부터 시작된 미국발 금융위기로 인해 2008년, 2009년 두 해 연속 마이너스 성장을 기록한 뒤 다시 플러스 성장으로 돌아서기 시작한 해다. 이러한 사정을 감안하면서 〈표 1-3〉과 함께 검토해보도록 하자.

고정자산

2010년 말까지 고정자산은 2억 7,300만 유로가 감소하여(-3.6%) 73억 1,800만 유로가 되었다. 투자는 주로 제조업 부문에서 이루어졌는데, 국내 수요가 줄었음에도 3억 7,000만 유로를 기록했다.

유동자산

유동자산은 2010년 상대가치로 0.1%, 3,800만 유로 증가에 그쳤지만 역대 가장 큰 규모였다. 금융 및 유통 부문은 각각 7,800만 유로와 2억 4,000만 유로가 감소했지만, 제조업 부문에서는 3억 7,000만 유로가 증가했다.

순자산

순자산은 42억 8,000만 유로를 기록하고 있는데, 이 수치는 외부 동업자들의 순자산액을 제외한 액수다. 순자산 중 22억 유로는 노동자 조합원의 공동출자금이며, 19억 유로는 준비금이다.

외부 동업자들

지난 몇 년 동안 몬드라곤은 외부 동업자들과 합작을 통해 국내외 시장에

<표 1-3> 몬드라곤의 2010년 대차대조표

단위: 100만 유로, %

항목	2009년 12월 31일		2010년 12월 31일		연간 변동률	
	액수	비중	액수	비중	액수	%
자산						
고정자산	7,591	22.8	7,318	22.1	− 273	− 3.6
유동자산	25,743	77.2	25,781	77.9	38	0.1
총자산	33,334	100.0	33,099	100.0	− 235	− 0.7
부채						
자본	4,284	12.9	4,287	13.0	3	0.1
외부의 이해 당사자 몫	189	0.6	181	0.5	− 8	− 4.1
비당좌 부채	11,811	35.4	11,824	35.7	13	0.1
당좌 부채	17,050	51.1	16,807	51.8	− 243	− 1.4
총부채	33,334	100.0	33,099	100.0	− 235	− 0.7

서 새로운 회사들을 설립하여 큰 성과를 보았다. 이 같은 이해 당사자 몫의 총액은 2010년 12월 31일 현재 1억 8,100만 유로인데, 주로 제조업과 유통 부문의 자회사 자본금이다.

비당좌 부채

제3자로부터 조달되어 협동조합 및 자회사들이 이용한 장기 금융은 지난 회계연도에 안정적이었다. 1,300만 유로(0.1%)의 변동이 있었을 뿐이며, 총액 은 118억 2,400만 유로 정도였다. 금융 부문에서 장기 예금이 크게 증가했 고, 유통 부문에서는 부채 감소가 있었다. 이러한 변동은 몬드라곤의 자본회 전율을 높였기 때문에 2009년에 비해 2억 8,000만 유로가 늘어나 총 89억 유로가 되었다.

〈표 1-4〉 몬드라곤의 2010년 부가가치

단위: 100만 유로, %

항목	2009년 12월 31일		2010년 12월 31일		연간 변동률	
	액수	비중	액수	비중	액수	%
부가가치	3,961	100.0	3,741	100.0	(220)	(5.6)
인건비	(2,375)	(60.0)	(2,389)	(63.9)	14	0.6
내부 수익	1,586	40.0	1,352	36.1	(234)	(14.8)
금융 비용	(620)	(15.7)	(424)	(11.3)	(196)	(31.6)
현금 흐름	966	24.3	928	24.8	(38)	(3.9)
지불 금액	(596)	(15.0)	(582)	(15.5)	(14)	(2.3)
운영 수익	370	9.3	346	9.3	(24)	(6.5)
기타 수입 및 세금	(309)	(7.8)	(168)	(4.5)	(141)	(45.6)
회계연도 수익	61	1.5	178	4.8	117	191.8

당좌 부채

2010년 상대가치로 1.4%, 절대가치로 2억 4,300만 유로가 감소했다. 이것은 금융 부문에서 장기 예금이 증가했기 때문이다.

2010년 몬드라곤이 산출한 총부가가치는 37억 4,100만 유로이다. 이는 지난해에 비해 5.6% 감소한 수치다. 이러한 감소는 주로 금융 부문 때문인데, 특히 2009년의 저금리 상황으로부터 비롯되었다. 총부가가치에서 가장 큰 몫을 차지하는 것은 제조업 부문(18억 유로, 총액의 48%)이고, 그 다음이 유통 부문(38%)이다. 금융 부문은 14%를 기록했다.

급여 지출은 지난해와 비슷하며 제조업 부문에서 5%의 증가만 있었다. 이는 주로 해외 노동자들이 증가한 결과다. 국내시장에 더 신경을 써왔던 다른 두 부문은 직원 비용이 감소했다. 금융 비용은 지속적으로 하락하여 2009년에 비해 1억 9,600만 유로가 하락했다(-31.6%). 금융 비용이 하락한 원인은 유럽 리보 금리가 떨어졌기 때문이다.

2010년 가치 하락의 총액은 5억 8,000만 유로(-2.3%)라는 소소한 액수였다. 가장 큰 가치 하락(-54%)을 기록한 부문은 제조업 부문이고, 유통 부문(-41%)이 그 뒤를 이었다. 총비용을 차감한 후 계산한 수입은 추정치로 2010년 3억 4,000만 유로였다. 스페인의 경제침체로 인해 국내시장에 주력했던 기업들의 실적이 좋지 않았기 때문이다. 기부금, 예비비, 세금으로 나간 액수는 2009년에 비해 줄어들었다.

2011년의 순수입, 즉 잉여금은 1억 7,000만 유로로 추정된다. 2009년에 비해 세 배 증가한 액수이다. 이는 2008년 경제위기 이후의 어려운 상황을 어느 정도 극복했다는 것을 의미한다.

03
몬드라곤의 의사결정구조와 고용구조

몬드라곤의 3단계 조직구조

1991년 이전 몬드라곤의 노동자 조합원은 자신이 소속된 단위 협동조합 총회에서 이사회 멤버와 조합평의회 멤버를 뽑았다. 이사회는 협동조합의 최고 경영기관이고, 조합평의회는 일종의 노동조합 역할을 하는 노동자 조합원의 권익기관이다. 두 기관의 멤버 중 1/3은 중복되며, 이들은 두 가지 역할을 담당한다. 중복 멤버들은 아침에는 이사회 멤버로서 회사의 효율적 운영과 비용 절감, 생산성 향상 방안에 대해 논의하고, 저녁에는 조합평의회 회의에서 조합원들의 복지 증대와 노동시간 단축 방안을 고민한다. 이 이중적인 역할은 자신이 주인인 회사에서 일하는 사람의 숙명으로 받아들여졌다. 몬드라곤 설립 초기부터 호세 마리아 아리스멘디아리에타 신부의 지도하에 이러한 기본 구조가 만들어졌다. 다른 지배기구는 필요하지 않았다. 개별 협동조합들을 묶는 연결의 끈은 단지 노동인민금고와 맺은 '연합협정'뿐이었다.

1991~2005년 조직체계

그러나 1991년 '몬드라곤 협동조합 복합체(Mondragón Corperación Cooperativa, 약칭 MCC)' 체제가 성립되면서 상황이 바뀌었다. MCC 체제는 당시 120여 개 (2011년 현재는 260여 개)의 단위 기업들을 하나로 묶는 통합 작업의 결과로 성립되었다. 단위 기업들은 금융 그룹, 제조업 그룹, 유통 그룹, 연구·교육 그룹으로 편제되었고, 제조업 그룹은 다시 자동차, 부품, 건설, 산업장비, 가정용품, 엔지니어링 및 자본재, 기계공구 등 7개의 소그룹으로 조직되었다.

상설적인 최고 경영조직은 총이사회(General Council)로, 이사장 1명과 부이사장 9명이 있었다. 이사장은 MCC 전체의 실질적인 경영 책임자였고, 부이사장 9명은 금융 그룹, 유통 그룹, 그리고 7개 제조업 소그룹의 최고 경영자들이었다.

2006년 이후 조직체계

2006년 MCC는 창립 50주년 총회에서 자신의 통합 명칭을 '몬드라곤(MONDRAGON)'으로 바꾸고 4개의 그룹을 4개의 부문으로 편제하면서 각 부문은 몇 개의 소부문으로, 특히 제조업 부문은 12개의 소부문으로 조직했다. 4개 부문을 총괄하는 것은 몬드라곤 의회(MONDRAGON Congress)이고, 의회의 상설기구로는 총이사회와 함께 상임위원회(Standing Committee)를 두었다.

'몬드라곤' 체제에서도 상설적인 최고 경영조직은 총이사회이다. 하지만 2006년 이전과 달리 부이사장직은 폐지되고 제조업 부문에 별도의 이사회가 조직되었다.

1991년부터 2005년까지 MCC의 조직구조와 중앙경영조직 경영자들, 그리고 2006년 이후 2010년 현재 몬드라곤의 조직구조와 중앙경영조직 경영자들은 〈그림 1-4〉~〈그림 1-7〉과 같다.

〈그림 1-4〉 MCC 체제의 조직구조(1991~2005)

의회

이사장
총이사회

제조업 그룹

자동차
부품
건설
산업장비
가정용품
엔지니어링 및 자본재
기계공구
산업설비

금융 그룹

유통 그룹

연구·교육 그룹

〈그림 1-5〉 MCC 체제의 중앙경영조직 경영자들(2005)

후안 마 오타에기
(Juan Mª Otaegui)

의회 대표

헤수스 카타니아
(Jesús Catania)

총이사회 이사장

호세 마 알데코아
(José Mª Aldekoa)

아드리안 셀라야
(Adrián Celaya)

콘스탄 다코스타
(Constan Dacosta)

안토니노 에체베리아
(Antonio Echeverria)

호세 이그나시오 가라테
(José Ignacio Gárate)

트조민 가르시아
(Txomin García)

호세 마 히사솔라
(Jose Mª Gisasola)

라몬 고이코에트세아
(J.Ramón Goikoetxea)

헤수스 마 에라스티
(Jesús Mª Herrasti)

미겔 안헬 라스피우르
(Miguel Angel Laspiur)

하비에르 무투베리아
(Javier Mutuberria)

호세 루이스 올라솔로
(José Luis Olasolo)

이냐키 오타뇨
(Iñaki Otaño)

후안 마 우스쿠둔
(Juan Mª Uzkudun)

미켈 사발라
(Mikel Zabala)

〈그림 1-6〉 몬드라곤 체제의 현 조직구조(2006~현재)

이사장
총이사회

제조업 부문
제조업 부문 이사회

차량 및 전동기구
자동차
산업 자동차
부품
건설
수직이동기구
장비
가정용품
엔지니어링 및 기업 서비스
기계공구: 다노바 그룹
산업설비: 울마
공구 및 설비

금융 부문

유통 부문

지식 부문

〈그림 1-7〉 몬드라곤 체제하의 중앙경영조직 경영자들(2010)

상임위원회 (Standing Committee)	총이사회 (General Council)	제조업 이사회 (Industrial Council)
이사장(President) 아구스틴 마르카이데 (Agustín Markaide)	**이사장(President)** 호세 마리아 알데코아 (José Mᵃ Aldecoa)	**이사장(President)** 호세 마리아 알데코아 (José Mᵃ Aldecoa)
부이사장(Vice-president) 호세 미겔 라스카노테히 (José Miguel Lazkanotegi) **상임위원(Officers)** 호세 안토니오 아후리아 (Jose Antonio Ajuria) 헤수스 마리아 아스티가라가 (Jesús Mᵃ Astigarraga) 레이레 바라냐노(Leire Barañano) 이냐키 두라뇨나(Iñaki Durañona) 훌리안 에라르테(Julian Errarte) 훌리오 가야스테기 (Julio Gallastegui) 페르난도 고메스 아세도 (Fernando Gómez-Acedo) 혼 이가르사(Jon Igarza) 아이토르 이루레(Aitor Irure) 에스테르 코르타(Esther Korta) 안톤 코르타사르(Antton Kortazar) 호세 리스 마다리아가 (José Luis Madariaga) 훌렌 마다리아가(Julen Madariaga) 리스 마리아 멘다로스케타 (Luis María Mendarozketa) 사비에르 무가르사 (Xabier Mugarza) 하비에르 레테기(Javier Retegui) 마리아 호세 우리아(Mᵃ José Uria) 페드로 우르테아가(Pedro Urteaga) 미켈 우리베트세바리아 (Mikel Uribetxebarria) **사무장(Secretary)** 소리오네 아레히(Zorione Arregi)	**이사(Officers)** 라파엘 바레네체아(Rafael Barrenechea) 마누엘 베라사(Manuel Beraza) 콘스탄 다코스타(Constan Dacosta) 이냐키 가빌론도(Iñaki Gabilondo) 트소민 가르시아 (Txomin García) 트세마 히사솔라(Txema Gisasola) 호세 라몬 고이코에트세아 (José Ramón Goikoetxea) 벨렌 코르타바리아 (Belén Kortabarria) 하비에르 무투베리아 (Javier Mutuberria) 하비에르 소틸(Javier Sotil) 미켈 사발라(Mikel Zabala) **사무장(Secretary)** 아란트사 라스쿠라인 (Arantza Laskurain)	**이사(Officers)** 호세 미겔 아레히 (José Miguel Arregi) 안헬 바란디아란 (Angel Barandiaran) 라파엘 바레네트세아 (Rafael Barrenetxea) 마누엘 베라사(Manuel Beraza) 이냐키 가빌론도 (Iñaki Gabilondo) 트세마 히사솔라 (Txema Gisasola) 호세 라몬 고이코에트세아 (José Ramón Goikoetxea) 호세 리스 리사르베 (José Luis Lizarbe) 비에르 무투베리아하 (Javier Mutuberria) 이냐키 오타뇨(Iñaki Otaño) 후안 마리아 팔렌시아 (Juan Maria Palencia) 하비에르 소틸(Javier Sotil) 호수 우가르테(Josu Ugarte) 비에르 발스(Javier Valls) **사무장(Secretary)** 프란시스코 아스피아수 (Francisco Azpiazu)

몬드라곤이 이러한 중앙조직과 부문별 조직을 구성하고 단위 기업들 간의 유대를 강화한 것은 1장에서 살펴본 '오래된 논쟁'을 촉발시키기도 했지만, 경제적으로만 따지면 몬드라곤 전체의 영향력을 확대하고 전체의 성장 속도를 증대시키는 데 큰 역할을 했던 것으로 보인다. 특히 금융, 제조업, 유통, 연구·교육 시장에서 몬드라곤의 영향력은 개별 협동조합의 단순한 총합 이상의 시너지 효과를 낳았다. 전체적으로 투자의 규모가 비약적으로 증대하고, 고용 확대도 눈부시게 일어났다. 몬드라곤 전체의 사회적 신뢰도 또한 높아지는 결과를 가져왔다.

한국의 협동조합 구조

참고로 한국의 경우 농업협동조합은 1960년대부터 1970년대까지 3단계 조직구조를 채택했지만, 1980년대 이후 2단계 구조로 바뀌었다. 즉 면 단위 농협, 시·군 단위 농협, 농업협동조합중앙회의 3단계 구조에서 시·군 단위 농협이 중앙회의 지부로 편입된 후 면 단위의 지역 농협과 농협중앙회의 2단계 구조로 바뀐 것이다. 1988년 농협이 민주화된 이후 지역 농협의 조합장과 경영진을 구성하는 조합원 선거가 치러지기 시작했다. 여기서 선출된 단위 조합장들이 투표권을 갖고 농협중앙회장 선거를 또 한 번 치른다. 한국의 농협 조직과 몬드라곤 조직을 직접 비교하는 것은 큰 무리가 따른다. 한국의 농협은 기본적으로 '아래로부터 위로'가 아니라 '위로부터 아래로' 조직된 역사를 오랫동안 유지해왔기 때문이다.

한국에서 풀뿌리 단위 협동조합으로 시작하여 시도별 연합회와 중앙회를 조직해 올라가 3단계 연합조직으로 구성된 경우는 신용협동조합이 대표적이다. 신용협동조합운동은 1959년 부산에서 시작되어 전국적으로 단위 협동조합들이 조직되고, 이것이 1960년대와 1970년대를 거쳐 현재의 3단계 구조

로 안착되었다. 신용협동조합중앙회는 단위 조합에서 할 수 없는 기금운용사
업과 공제사업, 교육사업, 홍보사업 등을 통해 단위 협동조합의 사업을 돕는
지원적 기구의 성격을 갖고 있다.

몬드라곤의 중앙조직들 : 몬드라곤 의회, 상임위원회, 총이사회

최고 대표조직, 몬드라곤 의회

몬드라곤 의회(MONDRAGON Congress)는 전원회의체(Plenary Congress)로, 몬드
라곤에서 최고의 대표성을 갖는 조직이며 공식적으로 가장 중요한 조직이다.
이 조직은 단위 기업들이 반드시 지켜야 할 일반적인 가이드라인과 규범을
제시하며, 몬드라곤 전체의 이해관계가 걸린 기본 정책들의 의결과 승인을
위한 토론장이기도 하다. 기본적으로 4년마다 개최되고, 산하기구인 상임위
원회로부터 보고를 받는다. 상임위원회나 총이사회 또는 전체 조합원 15%가
요구하는 경우에는 임시회의를 소집할 수 있다.

의회는 노동자 조합원에 의해 선출되는 650명의 대의원으로 구성된다. 몬
드라곤에 속한 노동자 조합원 약 50명당 1명꼴인 셈이다. 대의원 선출 과정
은 부문조직을 구성할 때보다 훨씬 더 민주적으로 진행된다. 선출된 대의원
들과 함께 같은 권리를 갖는 상임위원회 멤버들도 대의원으로 참여한다. 총
이사회의 멤버들과 부문조직의 대표들은 발언권은 있지만 투표권은 없다. 몬
드라곤 전체 노동자의 약 60%를 차지하는 비조합원들은 대의원 선출권을
갖고 있지 않다. 다시 말해 의회는 노동자 조합원들에 의해 선출된 대표들과
부문조직의 멤버들로 구성된다. 일상적인 업무를 처리하기 위해 1년 단위로
대의원 총회(Delegates' Assembly)를 개최한다.

몬드라곤 의회 | 몬드라곤 의회는 노동자 조합원이 선출한 650명의 대의원으로 구성되며, 몬드라곤 전체의 이해관계가 걸린 기본 정책들의 의결과 승인을 위한 토론장이다. 4년마다 개최되는 의회는 몬드라곤에서 최고의 대표성을 갖는 조직이자, 가장 중요한 조직이다. 사진은 몬드라곤 의회에서 조합원들이 의사결정을 하고 있는 모습이다.

의회는 상임위원회 및 총이사회의 경영 성과와 몬드라곤 전체의 사업 경과에 대한 보고를 받는다. 또 몬드라곤의 가입과 탈퇴에 관한 상임위원회의 결정, 그리고 부문조직에 대한 금융 지원 예산 결정에 대해서도 보고를 받는다. 하지만 의회는 규제 권한을 갖고 있지 않으며, 상임위원회만 그 권한이 있다.

의회의 대표와 부대표는 상임위원회가 선출하고 사무총장(Secretary General)은 총이사회의 추천에 따라 상임위원회가 임명한다. 사무총장은 대표, 부대표와 달리 의회에서 발언권만 갖는다. 사무총장은 상임위원회 및 총이사회의 멤버이지만, 이들 조직에 가서도 발언권만 있고 투표권은 없다.

의회의 토론 안건은 상임위원회, 의회 전체, 총이사회, 그리고 의회를 소집하는 단위 협동조합들의 대표들이 결정하지만, 제출 문서 및 프로젝트에 대한 결정은 상임위원회에서 한다.

핵심 지배조직, 상임위원회

상임위원회(Standing Committee)는 차기 의회가 개최될 때까지 의회를 대리하여 정책을 집행하는 조직체이다. 상임위원회의 구성원은 의회에서 선출되지 않지만 의회의 대의원이 된다. 상임위원회는 부문조직의 총회에서 선출되는 위원들로 구성되는데, 부문 아래의 소부문이나 단위 협동조합들의 경영진이 보통 상임위원으로 부문 차원의 총회에 파견된다. 각 부문은 소속된 노동자 조합원들의 수에 비례하여 위원 수를 할당받으며, 4년마다 위원들을 선출하고 2년마다 그 절반을 새로 뽑는다.

부문조직의 대표 성격을 갖는 상임위원들 외에 지명직 상임위원들도 있다. 지명직 상임위원은 몬드라곤 내부의 각종 기관에서 일하는 조합원들이 지명되기도 하고, 몬드라곤의 외부에 있는 사람이라도 꼭 필요할 경우에는 추천

받아 지명될 수 있다. 하지만 외부 상임위원의 경우에 총위원의 25%를 초과할 수 없다. 이렇듯 상임위원회가 몬드라곤의 조합원들로만 구성되지 않기 때문에, 직접적인 참여 민주주의가 약화되고 몬드라곤의 핵심 지배조직이 기술관료로 조직화된다는 비판을 받기도 한다.

상임위원회가 갖는 권한 중에서 외부 상임위원의 지명권과 해임권, 총이사회 의장의 보수에 대한 결정권 등은 중요하고 강력한 권력이다. 총이사회의 멤버이자 몬드라곤 부문조직의 최고 경영자이기도 한 9명의 부이사장 지명권과 해임권 및 보수 결정권도 이들이 갖고 있다. 그러나 부이사장들을 지명하거나 해임하기 전에 총이사회의 이사장은 부문조직의 대표들에게서 조언을 듣는다. 상임위원회는 이외에 중앙사무국 이사들(Directors of the Central Departments)과 사무총장에 대한 지명권, 해임권, 보수 결정권을 갖는다.

최고 경영조직, 총이사회

총이사회(General Council)는 몬드라곤의 정책과 규칙들을 지도하고 조정하는 책임을 맡은 제3위의 지배조직이지만, 사실상 몬드라곤의 최고 경영조직이다. 그래서 사람들은 몬드라곤이 상임위원회와 총이사회라는 두 개의 머리가 있는 조직이라고 말하기도 한다.

총이사회는 몬드라곤 정관에 따라 단위 협동조합 중 어느 하나의 조합원이 되어야 하는 이사장, 각 부문을 책임지는 9명의 부이사장들, 그리고 중앙사무국 6명의 이사들로 구성된다. 이사장과 달리 사무총장이나 부이사장, 그리고 이사들은 협동조합의 조합원일 필요는 없다. 사무총장은 발언권은 있지만 투표권은 없는 조건에서 참가하는 상임위원회에서처럼 총이사회에서도 동일한 책임과 권한을 갖고 있다.

총이사회 이사장은 사업 문제와 정책에 관해 의회 및 상임위원회의 결정을 집행하는 전체 책임을 맡고 있다. 총이사회는 부문의 부이사장들, 중앙사무국의 이사들, 그리고 기업센터의 책임자들을 통해 MCC의 전략적 결정들을 실행한다. 간단히 말해 총이사회는 조직, 경영계획 및 기업 예산에 관해 상임위원회에 제안할 권한을 갖는 기업 그룹의 최고 경영기관이다. 총이사회는 일반적으로 매월 한 차례 소집되며, 모든 결정은 다수결로 이루어진다.

2006년 이후 총이사회에서 9명의 부이사장직은 폐지되었다. 대신 11명의 이사들이 충원되었다. 이사들은 예전 부이사장 만큼의 권한을 갖고 있지 못하지만 4개 부문의 경영에서 총이사장을 보좌하여 정책 결정을 내리는 과정에 참여한다.

몬드라곤의 통합 경영에서 가장 중요한 것은 경영자원의 배분인데, 총이사회가 개별 협동조합들의 기여금으로 조성되는 두 개의 기금을 지배하고 있다. 하나는 각 협동조합들의 전체 수익 10%(노동인민금고의 경우 20%)로 구성되는 중앙협동조합기금이다. 이 기금은 몬드라곤 협동조합 진흥에 투자된다. 몬드라곤의 성장과 글로벌화에 필요한 자금은 주로 여기서 충당되고 있다. 다른 하나는 교육과 협동조합의 연대를 위한 기금으로, 교육 시스템을 통해 몬드라곤의 단위 기업들에게 필요한 협동조합 교육이나 연구 및 개발 활동에 쓰이고 있다.

직접민주주의의 약화

몬드라곤의 통합 경영 결과는 기업지배구조의 네트워크로 외화되었다. 앞서 말했듯이 의회는 최고의 민주적 조직이며 가장 큰 대표성을 갖는 조직이다. 조합원들의 직접 선출로 구성되어 최고 수준의 공식적 민주주의를 표현한다. 하지만 권한은 제한적이다. 의회는 상임위원회의 위원들을 선출하거나 해임할 수 없다. 또한 몬드라곤의 모든 노동자가 대의원 선출에 참가하는 것은 아니며, 오직 조합원들만 그 과정에 참가할 수 있다.

상임위원회는 바스크 법규에서 통제기구(Control Commission)라 불리는 종류의 조직체이다. 위원은 간접선거로 선출되는데, 이것이 민주적 정당성을 약화시킬 수 있다는 점은 앞에서 지적했다. 단위 협동조합의 이사회가 경영진을 지명하듯이 상임위원회는 몬드라곤의 최고 경영기관인 총이사회 멤버들을 지명한다. 이에 반해 의회는 총이사회의 이사 지명권이나 소집권을 갖지 못한다.

2006년 전까지 총이사회의 부이사장들은 각 부문에서 가장 큰 권한을 갖고 있었다는 점에서 주목할 만하다. 부이사장들은 부문조직의 경영진을 추천했지만 2006년 이후 이런 제도는 폐지되었다.

몬드라곤의 경영 권력은 총이사회, 중앙사무국, 그리고 각 부문조직에 집중되어 있다. 이에 반비례하여 평조합원들의 직접민주주의적 성격의 참여는 약화되었다. 평조합원들과 경영조직 사이의 간극은 넓어지고 있으며, 몬드라곤의 글로벌화와 외연 확대 과정에서 권력 집중 현상은 더욱 심화되고 있다.

사업적 효율성과 민주주의의 사이에서

중앙조직과 단위 협동조합들 사이의 권력 균형은 법적 구속력이 있는 '계약'에 의존한다. 어떤 협동조합이 몬드라곤에 가입하려고 할 경우, 그것은 순전히 단위 협동조합의 자율적인 판단에 맡겨진다. 그리고 단위 협동조합 총회(General Assembly)에서 몬드라곤 가입을 결정한 경우에, 그 협동조합은 무조건 몬드라곤의 규칙과 규정을 수용해야 하고 또 부문조직의 일원이 되어야 한다. 간단히 말해 몬드라곤에 소속된 모든 단위 협동조합은 일정한 권한을 내놓아야 하는데, 이는 민주적 통제력을 사업적 효율성에 양보한다는 의미이기도 하다. 이 때문에 효율성과 민주주의 관계에 대해 또다시 논쟁이 붙기도 한다.

이렇듯 권한의 양보는 전략적 통제의 효율성을 높이는 것이 사실이다. 몬드라곤에 가입하려는 협동조합은 의회의 규정과 규범을 받아들여야 하며 동일한 부문에 속해 있는 나머지 협동조합들과 협력해야 한다. 일부 권한은 중앙조직과 공유하고, 몬드라곤 전체의 전략계획에 종속된다. 따라서 단위 협동조합과 몬드라곤 사이에 갈등이 벌어질 수도 있다. 대표적으로 단위 협동조합의 경영자 임명이나 부문조직의 전략적 방향을 설정하는 데서 그 같은 갈등이 나타날 수 있다. 이 경우 중앙조직은 단위 협동조합에 대해 '자금 배분의 권한'을 지렛대로 삼아 압박을 가할 수 있다.

그럼에도 불구하고 단위 협동조합 경영에 관한 모든 결정권은 그 조합의 총회가 가지고 있다. 단위 협동조합의 조합원 총회에서 승인되지 않는 중앙조직의 결정 사항이나 압박, 권유 등은 단위 협동조합의 조합원들에게는 큰 의미가 없는 것이다. 따라서 최종 결정권은 결국 그들이 행사한다고 볼 수 있지 않을까? 물론 이때 어떠한 종류의 불이익이 발생할 수도 있겠지만 말이다. 1991년 이후 최근까지 20여 년 동안 몬드라곤에서 조합원 총회의 결정으로 스스로 몬드라곤을 탈퇴한 경우는 4개에 불과하다.

고용구조와 조합원들의 참여

고용 형태로 분류한 몬드라곤 노동자

1991년 이후 20여 년간 몬드라곤에서 지속적으로 확대한 고용의 질에 대해 걱정하는 사람들이 많다. 총고용의 40% 정도만 몬드라곤 조합원이라는 사실을 우려하는 것이다.

몬드라곤의 약 8만 4,000명 전체 노동자들은 고용 형태에 따라 네 개의 범주로 나뉜다. 첫째, 협동조합의 소유권과 의사결정권을 가진 '노동자 조합원'이다. 둘째, 이런 권리를 갖지 못하는 장·단기(주로 단기) '비조합원 노동자'이다. 셋째, 스페인과 바스크 지방의 법규에 따라 최근에 생겨난 '기간제 노동자 조합원'이다. 넷째, 바스크 이외 스페인 지역이나 해외 지사들에서 일하는 노동자이다. 1991년부터 글로벌화를 통해 몬드라곤은 신흥 개발국에서 광범위한 기업 네트워크를 구축하고 있다. 앞에서 보았듯이 이러한 지역들은 협동조합법이 스페인과 달라서 주로 주식회사 형태의 회사가 많은데, 바로 여기에 근무하는 노동자들이 네 번째 범주에 속한다.

① 노동자 조합원

몬드라곤에 소속된 단위 협동조합의 주인이면서 동시에 몬드라곤 전체의 주인이다. 주식회사의 주인이 주주라면, 몬드라곤의 주인은 노동자이면서 소유자인 바로 이들 노동자 조합원이다. 이들은 협동조합으로 운영되는 자신의 회사에 대해 소유권과 경영권을 갖고 있으며, 몬드라곤에 소속된 비협동조합 기업들에서 발생하는 이익도 간접적으로 향유한다. 고용은 매우 안정적이며, 해외로 공장 시설을 확대하는 경우에도 해고될 불안에 떨 필요가 없다. 대개 제조업 부문에서는 조합원 노동자의 비율이 85%가량이며, 금융과 유통 부문에서는 전체 고용의 약 20%를 차지하고 있다.

② 기간제 비조합원 노동자

몬드라곤은 글로벌 시장의 변화에 적응하기 위해 유연한 형태의 노동으로 협동조합 안에 비조합원 노동자들을 고용하고 있다. 이들 노동자는 단위 협동조합과 고용 계약을 맺는데, 단위 협동조합 내에서 전체 노동자 조합원의 25%를 초과해서는 안 된다. 현재 몬드라곤의 제조업 부문 협동조합들에서 이 비중은 평균 15% 정도이다. 이들은 이익 참여를 보장받는다 해도 총회에서 투표권을 행사할 수 없다. 몬드라곤의 협동조합들은 생산이 끝나는 기간에 계약을 해지할 수 있는 기간제 노동자들에 대한 의존성을 높임으로써 비용을 절감하고 있다. 그러나 이들은 노동자 조합원과 비슷한 사회보장 혜택을 받고 있으며, 해고될 경우 다른 노동자들처럼 실업수당을 받는다. 이들 중 일부는 3년 내에 조합원이 될 수 있는 선택권을 갖고 있다.

③ 기간제 노동자 조합원

바스크 협동조합법에 따라 몬드라곤 협동조합들은 일정 기간 계약에 따라 협동조합 조합원들을 고용한다. 그들이 갖고 있는 권리와 의무는 다른 조합원들과 동일하다. 그런데 만일 이러한 고정 기간 동안 일하는 계약 조합원들(이들은 제한된 기간 동안만 노동자 조합원 자격이 있다)이 직장을 잃을 경우엔 국가의 사회보장체계에 따른 노동자 지위를 인정받지 못한다. 이 때문에 몬드라곤은 노동자 조합원들과 마찬가지로 이들에게도 사회보장협동조합인 라군-아로를 통해 이 문제를 해결해준다. 이들이 실업 상태가 되었을 때 라군-아로는 실업수당을 지급한다. 기간제 조합원은 일정한 시간이 지난 뒤에 완전한 권리를 갖는 정식 조합원이 될 수 있다. 몬드라곤이 위기 상황을 맞게 되면 이들은 실업수당을 받고 쉬지만, 사업을 확장하는 기간에는 재계약을 함으로써 협동조합 조합원들이 전통적으로 갖고 있는 권리를 동일하게 누릴 수 있다.

④ 해외 지사의 노동자

해외 지사의 노동조건과 노동 관계는 몬드라곤의 그것과는 많이 다르다. 몬드라곤보다는 오히려 사업체가 입지하고 있는 나라의 노동조건과 유사하다. 다만 두 가지를 고려하자. 하나는 각국의 법규이고, 다른 하나는 그 나라의 동일 부분에 속하는 회사들, 특히 다국적기업의 행태다. 실상 몬드라곤 해외 공장의 노동자 참여 수준은(경영 참여, 수익 및 소유권 참여) 매우 미흡하다. 하지만 몇 가지 홍미로운 현상이 해외 공장들에서 벌어지고 있다. 몬드라곤 해외 지사에서 일하는 노동자들의 경영과 소유 참여가 그 지역의 다른 회사들에 비해 훨씬 더 진전되고 있다는 점이다. 지사에서 노동자들이 이사회 참여를 공식적으로 요구하고, 이를 이뤄내는 사례가 점점 늘어나고 있다. 이들은 경영자들에게 이렇게 말한다. "모기업을 봐라. 우리에게도 기회를 달라. 모기업의 자회사로 부끄럽지 않으려면."

이처럼 몬드라곤 협동조합에는 여러 종류의 노동자 범주가 존재하는데, 이는 서로 다른 범주의 노동자들 사이에 긴장을 불러일으키는 요인이 될 수 있다. 몬드라곤의 경영진도 이것을 걱정하고 있다. 몬드라곤 전직 총이사회 이사장 카타니아는 2002년 4월에 열린 상임위원회에서 이 문제를 제기하고, 자회사들이 협동조합으로 전환되지 않는다고 하더라도 노동자들이 소유권과 수익에 참여할 수 있는 시스템을 만들어야 한다고 권고했다.

조합원들의 경영 참여 수준

몬드라곤의 자율경영은 일반 사기업이나 다른 형태의 기업들과는 비교할 수 없을 정도로 수준이 높지만, 해가 갈수록 조합원들의 참여 수준이 낮아지고 있다. 몬드라곤에 소속된 협동조합 조합원의 총회 참석률은 30%를 넘지 않고 있다. 게다가 이사회나 조합평의회에 참여하는 것에도 점점 관심도가 떨어지고 있다.

조합원들은 일상적인 경영 참여에 대해서는 이사회에 위임하고 있으며, 회사의 경영에 대해서도 그다지 큰 걱정을 하지 않는다. 그들은 자신의 지도자들을 신뢰한다. 매년 좋은 경영 성과를 내고 있기 때문이다. 조합원과 조합원 가족의 복지 환경이 좋아지고 몬드라곤에 대한 사회적 신뢰도가 높아지는 것도 이들을 안심시키는 중요한 요인이다.

단위 협동조합의 경영은 이사회와 사무국, 조합평의회 등의 조직을 통해 이루어진다. 그래서 이들 조직은 관련 정보를 조합원들에게 열심히 보내지만, 실제로 그 정보를 보고 총회에 참석하는 사람은 거의 없고 심지어 게시판에 어떤 내용이 걸려 있는지 알고자 하는 사람도 별로 없다. 조합원들은 경영조직에 자신의 권한을 위임하고는 '딴 사람들이 잘 경영할 거야'라는 마음가짐을 갖고 있는 것이다. 이런 태도는 그들이 뽑아놓은 조직에 대한 믿음, 즉 총회에서 결정된 1년 단위의 경영계획에서 이탈하는 일이 벌어져도 조직이 회사가 바른 방향으로 가도록 필요한 조치를 취할 것이라는 신뢰에 기반하고 있다.

노동자 조합원들 사이에서 특히 토론이 필요하다거나 의심이나 걱정을 낳지 않는 주제는 몬드라곤의 해외 투자에 관한 것이다. 이사들은 그러한 투자가 미래에 협동조합의 사업적 위험을 막아줄 수단이라거나 노동자 조합원의 고용 안정을 보장해주기 위한 것이라고 설명하고 만다. 이 같은 모든 정보를 조합원들에게 알리는 데는 많은 시간이 소요된다. 왜냐하면 몬드라곤의 의사결정 과정은 노동자들이 경영에 참여하지 않는 사기업에서보다 훨씬 길게 이루어지기 때문이다. 각 협동조합에서 정책 집행에 대한 의사결정은 이사회에 의해 이루어지는데, 이는 조합평의회의 자문을 받은 후에야 가능하기 때문에 시간이 더 오래 걸린다. 보통 한 달을 넘기는 경우가 허다하다. 이 때문에 일부 협동조합들은 의사결정 과정을 단축시키는 방법을 부단히 찾고 있다.

노동자 조합원들은 몬드라곤의 소유자이고 또한 그 사실을 스스로 인식하고 있지만, 직접적인 참여 행위는 수익에 초점이 맞춰져 있다. 참여의 수준은, 그들이 회사에 노동력을 공급한 대가로 선급금(월급)과 배당금을 받고(물론 자신의 자본구좌로) 또 회사가 얼마나 잘 운영되고 있는지에 대한 정보를 제공받는 정도에 그치는 경우가 많다.

경영에 대한 노동자 조합원들의 참여가 가장 활발하게 이루어지는 시기는 몬드라곤 전체의 연간 계획을 수립할 때다. 이 계획은 몬드라곤에 소속된 모든 조합이 따라야 하는 의무 사항으로, 몬드라곤 정관에는 각 단위 협동조합의 이사회가 그것을 감독하도록 규정되어 있다. 조합원들이 반드시 관심을 갖고 참여해야 하는 부분은 바로 연간 계획의 설계 과정인 것이다.

파고르 전자 노동자 조합원들의 인식과 태도 조사 결과

몬드라곤의 현재 상태를 파악하기 위해서는 노동자 조합원들이 회사와 자기 자신, 그리고 경영 참여의 문제에 대해 어떠한 인식과 태도를 갖고 있는지를 알아보는 것이 필요하다. 2005년 롤랜드 교수는 몬드라곤의 제조업 부문 핵심 기업인 파고르 전자의 노동자 조합원 135명을 대상으로 10개의 설문을 통해 이들의 인식과 태도를 조사했다. 논문으로 발표된 데다 접근 가능한 내부 조사자료이므로 여기에 그 결과 전체를 싣는다. 현재 몬드라곤 노동자 조합원들의 의식 단면을 이해하는 데 큰 도움이 될 것이다.

조사 설계

(1) 가설: 의사결정에 참여하는 노동자들은 그렇지 않은 일반 노동자들보다 훨씬 행복하고 더 열심히 일하려 할 것이다.

(2) 자료 수집 결과: 이 자료들은 2005년 1월 14일에 수집되었다. 설문지는 하루 동안 모든 노동자에게 배포되었으며, 노동자는 설문지를 작성

한 후 자발적으로 제출했다. 179명의 노동자 중에 135명이 답변한 설문지를 돌려주었다.

(3) 자료 수집 방법: 이 연구에서 이용된 표본추출 방식은 임의 추출이다. 179명의 성인 노동자로 구성된 임의 표본을 대상으로 2005년에 조사되었다. 응답자는 사기업과 비교했을 때 자신의 회사에서 느끼고 있는 문제에 대해 10개 문항에 답하며, 답변은 '강한 동의', '동의', '동의하지 않음', '강한 부정'의 4개로 한정했다.

조사 결과

(1) 사기업이 일하기에 더 좋다.

강한 동의	동의	동의하지 않음	강한 부정
0	0	72	63

→ 135명 모두 사기업의 사업 운영 방식에 동의하지 않았다.

(2) 나의 제안은 내가 일하는 곳에서 언제나 환영받는다.

강한 동의	동의	동의하지 않음	강한 부정
63	72	0	0

→ 135명 모두 그들의 제안이 환영받는다는 점에 동의했다.

(3) 나에 대한 교육 지원은 나를 회사의 훌륭한 자산이 되게 한다.

강한 동의	동의	동의하지 않음	강한 부정
24	88	23	0

→ 일부 노동자들은 교육 지원이 자산인지에 대해 미결정 상태였으나, 나머지는 모두 동의했다. 반대하는 사람은 없었다.

(4) 기술 혁신은 내가 수행하고 있는 작업에 아주 중요하다.

강한 동의	동의	동의하지 않음	강한 부정
40	47	48	0

→ 많은 사람이 결정하지 못했으나, 새로운 기술이 협동조합에 중요하다는 생각에 동의하지 않은 사람은 없었다.

(5) 판매에 초점을 맞추는 것이 최종생산물보다 더 중요하다.

강한 동의	동의	동의하지 않음	강한 부정
0	0	72	63

→ 판매에 초점을 맞추는 것, 즉 매출이 생산보다 중요하다는 의견에 대부분 반대했다.

(6) 경쟁력과 수익성이 노동자의 개인적 만족보다 기업에 더 중요하다.

강한 동의	동의	동의하지 않음	강한 부정
0	0	72	63

→ 수익성이 노동자의 만족에 앞서느냐는 질문에 대해서 질문 (5)의 답변과 똑같이 나왔다.

(7) 다른 직장에서 많은 보수를 준다고 해도 몬드라곤 협동조합을 떠나지 않겠다.

강한 동의	동의	동의하지 않음	강한 부정
63	72	0	0

→ 보수와 상관없이 모든 노동자가 몬드라곤 협동조합을 떠나지 않을 것이라 답했다.

(8) 노동자들에게 스스로 생각하도록 가르치는 것은 더 효율적인 회사를 만들 것이다.

강한 동의	동의	동의하지 않음	강한 부정
48	87	0	0

→ 의사결정 과정에서 노동자들이 갖는 권한의 효율성을 믿는다고 답했다.

(9) 의사결정 과정의 발언권이 내가 버는 돈의 액수보다 더 중요하다.

강한 동의	동의	동의하지 않음	강한 부정
39	96	0	0

→ 모든 노동자가 회사의 일원으로서의 역할이 자신의 소득보다 더 중요하다고 답했다.

(10) 나는 공동체적 가치를 위해 일하기 때문에 몬드라곤 협동조합에서 일하기를 희망했다.

강한 동의	동의	동의하지 않음	강한 부정
72	63	0	0

→ 많은 노동자가 몬드라곤 협동조합에서 공동체적 가치를 지키며 일하는 것을 중요하게 생각했다.

| 2부 |
각 부문의 진화

몬드라곤이 이룬 놀라운 발전

몬드라곤은 1956년 제조업 부문의 첫 공장인 울고에서 시작하여 1958년 라군-아로, 1959년 노동인민금고, 1969년 에로스키, 1973년 기술연구소 이켈란의 설립까지 20여 년 동안 4개 부문(제조업, 금융, 유통, 지식)의 각각에서 핵심적인 역할을 하는 기업들을 만들어냈다. 이러한 모든 과정에는 호세 마리아 신부가 주도적인 역할을 했다.

하지만 1990년대부터 협동조합의 통합을 이루고 몬드라곤의 글로벌화를 추진했던 것은 그 제자들의 작품이다. 호세 마리아 신부가 생존해 있다면 과연 몬드라곤의 이러한 변화를 승인했을까? 이에 대한 필자의 답은 "아마도 그러했을 것이다!"이다. 호세 마리아 신부는 모든 제자의 반대와 무관심을 무릅쓰고 노동인민금고를 만들고 이 은행을 통해 새로운 협동조합들을 인큐베이팅했으며, 더 나아가 이 은행과의 '연합협정'을 통해 협동조합들을 하나의 울타리 안에 묶어두었다. 이러한 그의 발상은 '민주주의'와 '권력 분산'을 원칙으로 생각하는 완고한 협동조합주의자들에게는 매우 의아한 일이었을 것이다. 하지만 그는 협동조합의 기본 원칙을 무너뜨리지 않는 선에서 할 수 있는 최대한을 하려고 했다. 몬드라곤의 현재 지도자들의 사고방식 또한 여기서 크게 벗어나 있지 않다.

호세 마리아 신부는 1976년 운명하면서 다음과 같은 유언을 남겼다고 한다.

> 과거에 집착하는 것은 신에 대한 모독이다. 여러분은 반드시 항상 미래를 보
> 아야 한다.

지금부터는 제자들의 주요 작품들이 어떻게 진화해왔는지를 MCC 체제 시절의 각종 변화들을 가지고 살펴볼 것이다. 시기적으로는 2010년까지 발표된 통계자료를 사용할 것이지만, 세계적 금융위기에 대응하는 2008년 전후 시기부터 현재까지의 내용은 4부에서 따로 검토할 것이다.

'몬드라곤 협동조합 복합체(MCC)' 시절은 몬드라곤의 '황금시대'였다. 15년 동안 노동인민금고의 자산은 6배나 늘었으며, 라군-아로의 사회보장기금 액수도 6배로 늘어났다. 제조업그룹의 총매출액은 4배로 신장되었고, 에로스키를 중심으로 한 유통그룹의 매출액은 무려 14배가량 확대되었다. 전체 고용자 수도 4배 가까이 늘었다. 2부에서 각 부문이 이뤄낸 성과를 확인해보도록 하자.

04
금융 부문의 진화

노동인민금고의 역할 변화와 성장

노동인민금고는 1959년 설립되어 30여 년 동안 몬드라곤에서 가장 핵심적인 역할을 수행해왔다. 설립 초기에 노동인민금고는 몬드라곤의 제조업 부문에 큰 영향력을 갖지는 못했다. 1960년대 10년 동안 노동인민금고의 총자산은 제조업 부문 매출의 절반 정도에 이르는 규모였다. 당시 바스크 지역에는 굳이 노동인민금고가 아니더라도 협동조합들이 거래할 만한 많은 은행이 있었던 것이다.

1974년 노동인민금고 내에 '기업국'이 설치되었다. 기업국은 오늘날 몬드라곤 제조업 부문의 주요 협동조합들이 설립되거나 발전하는 데 큰 영향력을 행사했다. 노동인민금고가 이뤄낸 성과는 실로 눈부셨다. 1980년대로 접어들면서 노동인민금고의 총자산은 제조업 부문 매출액과 같은 규모로 확대되었다. 그러나 이후 자산 규모의 증가 속도는 제조업의 매출 증가 속도보다

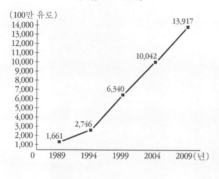

<그림 2-1> 노동인민금고의 자산 변화
추이(1989~2009)

1959년 처음 설립된 노동인민금고는 1980년
대 제조업 부문의 매출과 같은 규모로 성장하다
가 이후 제조업보다 2배가량 빨라졌다. 1989년
16억 6,100만 유로의 자산은 2009년 약 140억
유로로 증가해 8배가 넘는 성장을 보였다.

두 배로 빨라졌다. 1980년대 전반의 불황기에 노동인민금고는 몬드라곤을
떠받치는 가장 든든한 버팀목 역할을 했다. 협동조합 기업에 대한 대출이자
율을 낮춰 각 협동조합이 재정 건전성을 높이도록 도왔으며, 파산할 위험이
높은 기업의 회생에 적극적으로 참여하여 오히려 투자를 늘림으로써 그 기업
이 어려움을 해결하도록 힘을 북돋웠다. 이 시기 노동인민금고의 협동조합
구제 과정은 매우 눈물겨웠다(노동인민금고의 협동조합 구제 과정에 대한 자세한 내용은
『몬드라곤에서 배우자』 4부 16장 참조). 당시 노동인민금고 기업국은 몬드라곤 내부
의 '파산 직전' 협동조합 기업들에게는 수호천사와 같았다.

1982년까지 노동인민금고는 몬드라곤에 소속된 협동조합 기업들과만 거
래를 진행했다. 하지만 이러한 노동인민금고에게 또 다른 변화 요구가 추가
되었다. 1980년대 초반 경제불황기에 스페인의 실업률은 최대 25%까지 치
솟았다. 1982년 스페인 정부는 노동인민금고에게 전체 자산의 15% 범위 내
에서 일반인 대출을 허용해주라고 요청했는데, 이 규모는 총대출의 40% 수
준에 육박했다. 이후 노동인민금고의 활동 반경은 '순수한 협동조합 투자의

노동인민금고 | 돈 호세 마리아 신부가 제자들의 반대를 무릅쓰고 만든 노동인민금고는 몬드라곤 협동조합의 제조업
회사가 설립되고 발전하는 데 큰 영향을 미쳤다. 현재 노동인민금고는 스페인에서 5위권 안에 드는 대형 은행으로
성장했으며, 전국에 420여 개의 지점을 갖고 있다. 위의 사진은 노동인민금고센터이고, 아래 왼쪽 사진은 노동인민금고
한 지점의 고객 창구, 오른쪽은 비토리아 다토 노동인민금고 지점이다.

틀'을 넘어서 일반인 거래는 물론이고 더 나아가 바스크 주정부와의 거래로까지 확대되었다. 이러한 변화는 1991년 MCC 체제의 출범 이후 더욱 확대되었다.

1991년 MCC 체제의 출범 이후 노동인민금고 기업국의 역할은 MCC 중앙경영조직으로 이관되었다. 노동인민금고 기업국은 독립된 협동조합 조직, 즉 'LKS 자문회사'로 새출발했다. MCC 중앙경영조직은 협동조합 기업에 대한 위험 구제와 파산 구제 활동을 LKS 자문회사와 서비스 계약을 통해 추진했다. LKS는 협동조합 기업들에게만 서비스를 한정하지 않고 일반 기업에 대한 파산 구제와 컨설팅으로 업무영역을 확대해나갔다.

MCC 체제가 출범하면서 노동인민금고는 금융 부문의 핵심 기업으로 자신의 위치를 재정립하고 연평균 20%의 성장률을 기록하며 착실히 성장해갔다. 유럽 경제 전체가 몇 차례 경기침체를 겪고 몬드라곤의 제조업 부문이나 유통 부문이 이에 영향을 받을 때도 노동인민금고는 경기 둔화의 영향을 가장 덜 받았다. 또 바스크 지역을 넘어 스페인 전 지역으로 영업망을 확장하여 2010년 현재 전국에 420여 개의 지점이 있다.

1996년부터 노동인민금고가 100% 지분을 보유하게 된 '아로리스'의 영업 활동은 2002년까지 눈부신 성장을 기록했다. 하지만 2002년 경기침체기에 독립적인 리스 영업이 중단되고 노동인민금고로 통폐합되었다.

노동인민금고의 수출금융 확대와 외국은행과의 거래 확대도 빠른 속도로 진행되었다. 그리하여 2000년 들어 노동인민금고의 수출금융에서 67%는 몬드라곤 협동조합들과, 나머지는 스페인 일반 기업들과 진행되었다. 특히 950개가 넘는 외국은행과 거래를 트는 실적을 올렸다. 2007년까지 수출금융에서 이 비율은 크게 변화하지 않았다. 2010년 외국은행들과의 거래는 100개국 1,200여 개 은행으로 확대되었다.

라군-아로의 진화와 성장

라군-아로는 몬드라곤이 만들어낸 일종의 사회보장 시스템인데, 협동조합 운동사에서 보면 매우 독특한 형태의 협동조합이다. 일종의 '보건협동조합의 성격을 가진 공제협동조합'이라고 할 수 있을까? 우리나라에 비유해서 보면 의료보험과 산재보험, 고용보험과 국민연금을 합쳐놓은 형태에 실업급여까지 담당하는 조직이라 할 수 있다. 1958년 몬드라곤의 첫 번째 협동조합 울고를 비롯한 몇몇 소규모 협동조합 노동자 조합원이 회원으로 참여하여 출범한 라군-아로는 1991년 MCC 체제 출범 무렵 2만여 명의 몬드라곤 노동자 조합원들을 두고, 기금 5억 유로에 달하는 대형 협동조합으로 성장했다.

2010년 현재 약 44억 유로의 기금이 운용되고 있는데, 이 기금을 통해 라군-아로의 의료와 공제 혜택을 받는 노동자 조합원 숫자는 146개 협동조합에 3만여 명으로 확대되었다. 2010년 1년간 약 5,000만 유로가 회원들의 의료비로 지출되었고 1,800만 유로는 실업급여로 지출되었다. 또한 한 해 동안

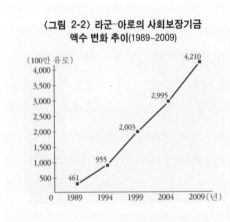

〈그림 2-2〉 라군-아로의 사회보장기금 액수 변화 추이(1989~2009)

금융 부문의 라군-아로는 사회보장협동조합이다. 1989년 4억 6,100만 유로의 기금은 2009년 42억 1,000만 유로로 증가했다. 2010년 현재 라군-아로의 사회보장기금을 통해 의료와 공제 혜택을 받는 노동자는 3만여 명에 이른다.

라군—아로 | 라군—아로는 '보호사업'을 의미하는 바스크어로, 1967년 건물과 이사회를 갖춘 독립 협동조합으로 설립되었다. 조합원들의 의료와 정년퇴직 이후 물질적 보장을 위해 만들어졌다. 노동인민금고와 함께 몬드라곤에서 금융 부문의 중요 협동조합이다.

9,784명의 퇴직자들에게 약 1억 1,300만 유로가 생활비로 지급되었는데, 1인당 평균 11,549만 유로로, 우리 돈으로는 1,800만 원 정도이다.

수행하는 역할로 볼 때 라군-아로는 몬드라곤 내에서 노동인민금고보다 더 안정적인 성장을 이루고 있는 협동조합이다. 몬드라곤의 노동자 조합원들에게 이 협동조합은 '최후의 보루'와 같은 성격을 지닌 곳이다.

라군-아로 보험과 라군-아로 생명보험

1982년 라군-아로 보험이 문을 열었다. 그리고 7년 뒤에는 라군-아로 생명보험이 영업을 개시했다. 『몬드라곤에서 배우자』에서는 이 회사들이 다루어지지 않았다. 그 당시만 해도 이 회사들의 역할이 미미했기 때문에 크게 주목받지 못했다. 게다가 협동조합 형태로 조직된 것이 아니라, 라군-아로 보험은 노동인민금고와 라군-아로가 50%씩 투자해 설립한 자회사였고 라군-아로 생명보험은 노동인민금고와 라군-아로 그리고 이탈리아 우니뽈 보험의 합작회사였는데, 모두 주식회사 방식으로 조직된 형태였다. 하지만 MCC 체제의 출범 이후 이 두 회사의 중요성은 점점 더 높아졌다.

라군-아로 보험은 생명보험을 제외한 대부분의 보험 상품을 취급했으며, 특히 화재보험과 자동차보험은 매우 인기 있는 상품이었다. 이 회사의 설립을 추동했던 가장 강력한 동기는 몬드라곤 제조업 부문의 상품 제조와 판매, 수출 등에서 '재보험'을 담당할 회사가 필요했기 때문이다. 몬드라곤의 제조업 부문 매출은 해가 다르게 늘어갔고 해외 판매 또한 급격히 성장했다. 이런 상황으로 말미암아 MCC 체제 내에 보험사의 중요성이 더욱더 높아졌다.

라군-아로 생명보험은 몬드라곤의 상표를 더 많은 소비자에게 알리고 각

인시키는 데 매우 중요한 사업영역이었으며, 고용 확대를 위해 핵심적인 역할을 담당한 회사였다. MCC 체제에서 라군-아로 생명보험은 금융 그룹의 전체 규모를 확장하는 데도 큰 기여를 했다. 몬드라곤 생명보험은 노동인민금고의 스페인 전국 지점에서 취급되고 있다.

두 회사의 영업 실적은 놀라운 속도로 성장했다. 라군-아로 보험은 1991년 MCC 체제 출범 초기에 1년 평균 약 1,500만 유로의 보험료 수입으로 출발하여 1998년에 보험과 생명보험 합계 1억 7,000만 유로, 2010년에는 약 6억 유로의 보험료 수준으로 증가했다. 2009년 기준으로 두 회사는 합산해서 약 36만 8,000명의 고객을 거느린 대형 보험사가 되었다.

05
제조업 부문의 진화

MCC 체제 출범 이전 제조업 부문의 현황 개요

MCC 체제 출범 이전, 제조업 부문의 통계가 종합적으로 작성되기 시작한 것은 1966년부터였다. 그러나 『몬드라곤에서 배우자』에서는 1966년 이후 1989년까지의 기본 통계가 다뤄지지 않았다. 따라서 MCC 출범 이후를 살펴보기 전에 이 통계를 먼저 살펴보자. 이 자료는 〈표 2-1〉에 정리했다. 금액 단위는 윌리엄 화이트가 『몬드라곤에서 배우자』에서 사용한 스페인 통화 '페세타'를 166 : 1의 비율로 잡아 '유로'화로 환산했다(시기별로 환율 변동이 다소 있었지만, 이를 정확히 반영하는 것은 불가능하다).

1970년대에 접어들면서 개별 협동조합들은 제조업 부문의 핵심적인 협동조합 기업을 중심으로 관련된 업종 또는 지리적 인근성을 고려하여 '소그룹'을 형성하고 자본, 투자, 잉여금을 공유하기 시작했다. MCC 출범 이전, 그것은 모두 14개의 소그룹과 1개의 무소속 그룹으로 다음과 같이 편제되었다.

〈표 2-1〉 1966~1989년 제조업 부문의 현황

단위: 100만 유로, 명

연도	매출액	수출액	노동자 수	투자액	잉여금
1966	17	0.3	4,866	2.5	1.4
1969	38	3	8,081	4.7	3.3
1974	107	12	13,310	14	8
1979	345	54	18,296	28	9
1984	730	170	18,796	43	− 14
1989	1,161	284	21,928	127	70

(1) 파고르 전자를 중심으로 한 파고르 그룹(15개 기업). 가장 오래된 협동조합으로, 파고르의 기업 규모가 확장됨에 따라 분사한 협동조합들과 연관 업종의 협동조합들을 하나로 묶은 것

(2) 고이에리 지역을 중심으로 한 고일란 그룹(6개 기업)

(3) 오리아 강을 중심으로 포진된 오르비데 그룹(5개 기업)

(4) 레아 아르띠바이 지역을 중심으로 한 레아르코 그룹(6개 기업)

(5) 기계공구 제조업체를 묶은 데바코 그룹(6개 기업)

(6) 빌바오 인접 지역을 중심으로 한 네르비온-이바이사발 그룹(12개 기업)

(7) 아스페이따아 지역을 중심으로 목재가구 업종을 묶은 우르키데 그룹(6개 기업)

(8) 헤르니카 지역을 중심으로 한 인다르코 그룹(5개 기업). 이 그룹은 1980년에 만들어졌다가 협동조합들 간의 심각한 재정 불균형으로 1986년 해산한 뒤 재조직됨.

(9) 미야비아 지방과 디카르 지역을 중심으로 한 에이바르코 베렐란 그룹(8개 기업)

(10) 알라바 지역을 중심으로 한 우르코아 그룹(5개 기업)

(11) 오냐테 지역을 중심으로 한 울마 그룹(4개 기업)

(12) 농산물 생산 및 가공업체를 묶은 에레인 그룹(8개 기업)

(13) 나바라 지역을 중심으로 한 고이코아 그룹(8개 기업)

(14) 오르비데 그룹에서 독립하여 구성된 무갈데 그룹(6개 기업)

(15) 그 밖에 그룹에 포함되지 않은 4개 기업 등

MCC 체제 출범 이전에 제조업 부문의 소그룹 구성에 결정적인 영향력을 행사한 것은 노동인민금고였다. 사실 이러한 그룹의 설립과 유지는 노동인민금고의 '관리 효율성'을 높이기 위한 측면이 강했다. 하지만 이러한 소그룹 통합과 유지의 경험은 MCC 체제 출범 이후 현재까지 제조업 부문의 통합에 소중한 자산이 되었다.

MCC 체제의 출범과 제조업 그룹, 제조업 소그룹의 성장

1990년대 초반 MCC 체제의 출범과 더불어 몬드라곤의 제조업 부문은 업종별로 7개의 소그룹으로 재편되었다. 그 이전에 편재된 소그룹들이 업종과 지리적 인근성, 특히 후자에 방점이 찍혀 묶여 있었다면, MCC 체제 이후에는 업종이 유일한 기준으로 작용했다. 이 소그룹은 2003년 다시 8개로 확대되었다.

업종별 소그룹 전략은 몬드라곤 제조업 부문에서 눈여겨볼 변화이다. 유럽 시장이 통합되고 급속한 세계화의 진전으로 시장경쟁이 격화되는 가운데 업종별 공동대응 전략은 사업적 측면에서 매우 중요한 일이었기 때문이다.

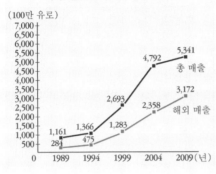

〈그림 2-3〉 제조업 부문의 총매출 및
해외 매출 변화 추이(1989~2009)

(100만 유로)

1989년 제조업 전체 매출의 약 25%가
해외 매출이었던 데 비해, 2009년에는 그
비중이 60%로 늘어났다.

MCC 출범 이후의 매출액 및 수출액 변화의 추이를 〈표 2-1〉과 비교하면서 살펴보면 〈그림 2-3〉과 같다.

당시의 소그룹들은 다음과 같이 편제되었다.

(1) 자동차(Automotive)

이 그룹은 주로 자동차 부품과 자동차 용품을 제조하는데, 스페인 국내뿐만 아니라 유럽과 미국의 자동차 브랜드에 부품을 공급하고 있다. 주요 기업으로는 Automódulos, Batz do Brasil, Batz Sistemas, Cikautxo, Fagor Ederlan, Ferroplast, Fit Automoción, FPK, Galdan 등이 있다.

〈표 2-2〉 자동차 그룹의 변화 추이(단위: 100만 유로)

	1997	2001	2005
매출액	436	750	955
수출액	245	504	656

(2) 부품(Components)

이 그룹은 전자·전기 부품을 비롯한 모든 부품 제조업체를 묶어놓았다. 주요 기업으로는 Consonni, Copreci, Copreci México, Eika, Embega, Fagor Electrónica 등이 있다.

〈표 2-3〉 부품 그룹의 변화 추이(단위: 100만 유로)

	1997	2001	2005
매출액	277	390	510
수출액	169	255	321

(3) 건설(Construction)

여기에는 리프트 및 엘리베이터의 제조와 건설, 그리고 건설자재 등을 생산·조달하는 회사들이 포함되어 있다. 주요 기업으로는 리프트 및 엘리베이터 제조기업 Orona, 구조설계 및 용역에 Biurrarena, KBE-Urssa, Orona, Rochman과 Urssa가 있고 건설 및 건설자재기업 Covimar, Etorki, Lana and Vicon 등이 있다.

〈표 2-4〉 건설 그룹의 변화 추이(단위: 100만 유로)

	1997	2001	2005
매출액	163	346	741
수출액	31	40	178

(4) 산업장비(Industrial Equipment)

산업장비 그룹에는 레저 및 스포츠 설비업, 기계장비 제조, 기업 서비스 업종의 회사들이 포함되어 있는데, 주요 기업으로는 Dikar, Eredu, Orbea, Ederfil, Hertell, Irizar, Alecop, Alkargo, Coinalde 등이 있다.

<표 2-5> 산업장비 그룹의 변화 추이(단위: 100만 유로)

	1997	2001	2005
매출액	210	453	785
수출액	76	290	489

(5) 가정용품(Household Goods)

이 그룹에는 가정용품과 가구 제조업종이 포함되어 있다. 주요 기업으로는 Cadore, Edesa, Fagofri, Fagor Electrodomésticos 등의 가전기업과 Coinma and Danona 등 가구 제조업체, Fagor Industrial and Kide 등의 상업용 장비업체가 있다.

<표 2-6> 가정용품 그룹의 변화 추이(단위: 100만 유로)

	1997	2001	2005
매출액	638	1,049	1,639
수출액	223	439	893

(6) 엔지니어링 및 자본재(Engineering and Capital Goods)

여기에 포함되는 업종은 자동제어, 엔지니어링 및 컨설턴트, 기계 제조업종 등이다. 주요 기업으로는 Berriola and Fagor Automation(자동제어 업체), Diara, Enyca, LKS Consultoría 등 엔지니어링 업체, Aurrenak, Fagor Arrasate 등의 기계 제조업체 등이 있다.

<표 2-7> 엔지니어링 및 자본재 그룹의 변화 추이(단위: 100만 유로)

	1997	2001	2005
매출액	226	313	446
수출액	134	138	273

(7) 기계공구(Machine Tools)

여기에는 절단기계 제조와 목공기계 제조 등 크게 두 개의 업종이 포함되어 있다. 주요 기업으로는 절단기계 분야의 Danobat, D+S Sistemas, Estarta Rectificadora, Goiti 등이 있고, 목공기계 제조업체로는 Doiki, Egurko, Latz, Ortza and Zubiola 등이 있다.

〈표 2-8〉 기계공구 그룹의 변화 추이(단위: 100만 유로)

	1997	2001	2005
매출액	117	164	160
수출액	60	103	114

(8) 산업설비(Industrial Systems)

이 그룹은 2003년에 새로 조직되었다. 핵심 기업으로는 ULMA 그룹이 있는데, 이 업체에서는 의료장비, 포크리프트 제작, 건설설비, 콘크리트 포장 등을 주요 사업영역으로 갖고 있다.

〈표 2-9〉 산업설비 그룹의 변화 추이(단위: 100만 유로)

	2003	2004	2005
매출액	362	430	508
수출액	103	155	211

이 기간에 몬드라곤의 제조업 부문은 본격적으로 국제경쟁력을 갖추어나가기 시작했다. 이들이 자랑하고 싶어 하는 기념할 만한 성과들을 몇 가지 살펴보자.

1992년 유럽우주기구는 위성 발사용 아리안(Ariane) 5호 로켓의 센서설비를 몬드라곤의 부품 소그룹 핵심 기업인 코프레시에 의뢰했다. 1994년 미국

제조업 부문에서 이뤄낸 성과들 | 스페인 바스크 지역의 빌바오에 있는 구게하임 미술관은 후안 카를로스 스페인 국왕이 '20세기 인류가 만든 최고 건물'이라고 극찬했을 정도로 유명한 건축물이다(위 사진). 티타늄판 구조물이 50m 높이로 치솟은 이 건물은 기둥을 쓰지 않은 철골구조로 만들어졌는데, 이 공사를 맡은 곳이 다름 아닌 몬드라곤 제조업협동조합의 건설 소그룹 우르사이다. 아래 왼쪽 사진은 울마 건설의 다리 공사이며, 아래 오른쪽은 바츠 회사가 만든 부품이다.

의 제너럴 일렉트릭사는 50톤 규모의 냉장고 설비라인 제작을 엔지니어링 소그룹의 핵심 기업인 파고르 아라사테에 의뢰했다. 건설 소그룹의 우르사는 1996년 빌바오 구겐하임 미술관 철제구조 공사를 수주했을 뿐 아니라 7억 8,000만 유로 상당의 중국 루오 후알 발전소의 철제구조물 계약을 따냈다. 1997년 파고르 가전이 이끄는 가정용품 그룹은 칸타브리안 지역의 이동통신 회사 엔니카를 합병했다. 또한 파고르 전자는 2004년 자신과 비슷한 규모의 프랑스 가전기업 브란트를 인수하여 프랑스 4개 지역에 생산설비를 확장했다. 이 시기에 파고르 전자는 채권 발행을 통해 외부 자본의 조달에도 성공했다. 파고르 전자는 2004년 6,000만 유로, 2006년 1억 2,500만 유로의 채권 발행을 통해 총 1억 8,500만 유로의 자금을 조달했는데, 이는 주로 브란트를 인수하는 대금에 사용되었다.

유럽 경기는 2000년대 초반의 성장 둔화기를 제외하고 2007년까지 성장세가 지속되었다. 몬드라곤 제조업 부문은 2004년에서 2006년까지 3년간 창사 이후 제2의 고도성장기를 구가했다. 각 소그룹의 매출은 평균 20% 이상 증가했으며, 수출 증가세 또한 이와 비슷했다.

몬드라곤 체제의 출범과 제조업 부문 재편

1991년부터 15년간 지속된 MCC 체제는 2006년 몬드라곤 창립 50주년을 맞이하여 '몬드라곤(MONDRAGON)' 체제로 변화되었다. 이 변화는 다음의 두 가지 측면에서 음미해볼 만하다.

첫째, 전체적으로 4개의 그룹을 4개 부문으로 재편했다. 이는 기존의 그룹 단위 통합 경영을 다소 약화시키면서 부문에 소속된 개별 기업의 경영권력을 강화시켜주는 결과를 낳았다.

둘째, 중앙경영조직의 변화도 함께 진행되었다. 기존의 총이사회에는 전체를 총괄하는 이사장과 함께 금융 그룹, 유통 그룹, 그리고 제조업의 7개(2003년부터는 8개) 소그룹 경영을 책임지는 9명(2003년부터는 10명)의 부이사장이 있었다. 당시 총이사회는 일종의 사장단 회의체와 같은 성격으로 막강한 권력이 위임되어 있었다. 하지만 몬드라곤의 부문 체제에서는 총이사회의 부이사장직이 사라졌다. 그리고 제조업 부문만 12개의 소부문으로 편제한 뒤 각 소부문을 조정하는 이사들을 두고, 금융, 유통, 지식 부문에 대한 몬드라곤 중앙조직의 직접적인 통제장치를 없앴다. 이는 각 부문의 자율적 결정권을 강화하는 효과를 나타냈다.

이러한 변화는 각 그룹의 규모가 너무 커져서 기존의 방식으로 통합 경영을 하는 것이 더 이상 적절치 않다는 판단에 근거한 것으로 보인다. 2006년 이후 이들의 대외적인 활동은 각 부문의 핵심 기업들에 맞춰지고 있다. 그리고 각 부문의 핵심 기업들은 자신을 중심으로 관련된 기업을 묶는 기업 중심의 소그룹 체제를 다시 만들어가고 있다.

'MCC 체제'에서 '몬드라곤 체제'로 변화한 것은 세계적인 경쟁 체제가 가속화되는 가운데 몬드라곤이 이에 대한 대응으로 시장의 세분화 전략을 세운 데 따른 것으로 판단할 수 있다. 1991년 MCC 체제의 출범이 당시 격화되고 있는 시장경쟁에서 살아남기 위해 '규모의 경제'와 '통합 경영'을 중요 구호로 내건 변화였다면, 2006년에 시작된 몬드라곤 체제는 시장에서 살아남기 위해 각 부문을 세분화하여 기동성 있게 시장에 대응하는 쪽으로 초점을 맞춘 변화라고 해석할 수 있다.

몬드라곤 체제에서 제조업 부문은 다시 한번 변화의 과정을 겪는다. 핵심은 기존에 통합 경영 방식으로 편재한 8개 소그룹을 좀 더 세분화된 12개의 소부문으로 재편하고, 이 소부문에 대한 통합 경영이 사라졌다는 점이다. 그런데 핵심 기업들의 소그룹화가 또다시 진행되고 있는 것 같다. 하지만 이것은 1970년대에 주로 지리적 요인에 의해, 곧 노동인민금고의 관리 효율성 제고에 초점을 맞춘 소그룹화와는 차원이 다르다.

제조업 부문의 12개 소부문은 다음과 같다.

(1) 차량 및 전동기구(Automotive Chassis and Powertrain)

(2) 자동차(CM Automotive)

(3) 산업 자동화(Industrial Automation)

(4) 부품(Components)

(5) 건설(Construction)

(6) 수직이동기구(Vertical Transport)

(7) 장비(Equipment)

(8) 가정용품(Household)

(9) 엔지니어링 및 기업 서비스(Engineering and Services)

(10) 기계공구: 다노바 그룹(Machine tools: Danovat Group)

(11) 산업설비: 울마(Industrial Systems: Ulma)

(12) 공구 및 설비(Tooling and Systems)

2006년 이후 몬드라곤의 「애뉴얼 리포트」는 그 이전과 달리 제조업 부문의 소그룹 단위 통계를 발표하지 않고 있다. 대신 12개 부문의 사업 실적과 진행 상황을 소비재, 자본재, 산업부품, 건설, 기업 서비스 등 5개 항목으로 정리하고, 각 항목에서 중요한 성과를 낸 핵심 기업들의 상황을 정리해서 공개하고 있다.

향후 몬드라곤의 제조업 부문이 어떤 변화를 겪게 될지는 지켜볼 일이다. 몬드라곤의 구조 변화에는 언제나 제조업 부문의 변화가 중심에 위치하고 있었다. 이것은 몬드라곤의 주인인 조합원들이 주로 제조업 부문의 노동자들이라는 점에서 기인했지만, 세계경제의 상황 변화에 가장 민감하게 영향을 받는 곳이 바로 제조업 부문이기 때문이기도 하다. 미국발 금융쇼크가 세계경제를 강타한 2008년 전후와 최근까지의 상황에 대해서는 4부 '몬드라곤의 미래'에서 다른 부문과 함께 종합적으로 다루기로 한다.

06
유통 부문의 진화

에로스키 소비자협동조합의 놀라운 성과

MCC 체제 출범 이후 최근까지 몬드라곤의 4개 부문에서 양적 질적으로 가장 큰 변화가 있었던 곳을 꼽으라고 하면, 주저 없이 에로스키 소비자협동 조합을 중심으로 한 유통 부문을 들 것이다. 〈그림 2-4〉에서 보는 바와 같이 유통 부문은 20여 년 동안 매출액에서 20배가 넘는 성장을 이룩했다. 이는 여타 부문의 성장 속도에 비해 약 5배가 넘는 것이다. 이러한 성장은 몬 드라곤 전체에 새로운 활력을 불어넣는 동시에 몬드라곤의 기업 이미지와 인 지도를 개선하고 향상시키는 데 크게 이바지했다.

매출액의 성장보다 더욱 놀라운 것은 유통 부문이 이루어낸 고용 창출 효 과이다. 1990년 2,600명의 노동자로 시작된 유통 부문의 노동자 수는 1995 년 1만여 명, 2000년 2만 5,000여 명, 2005년 3만 4,000여 명, 2010년 무 려 4만 2,000여 명으로 늘어났다. 몬드라곤에서 최근 10년간 창출된 신규

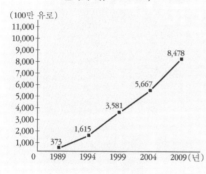

<그림 2-4> 유통 부문의 총매출액
변화 추이(1989~2009)

(100만 유로)

유통 부문의 총매출액은 1989년 3억 7,300
만 유로에서 2009년 84억 7,800만 유로로
증가하여 20여 년 동안 약 23배의 성장을
나타냈다.

고용의 70%가 바로 유통 부문에서 이루어졌다.

이뿐만 아니라 에로스키는 하이퍼마켓, 맥시마켓, 슈퍼마켓, 판매 지점, 의류 및 가정용품 전문 매장, 여행사무소, 헬스클럽 등 소비자들의 생활과 관련된 전 영역으로 사업 분야를 확대했다. 1990년 300여 개의 매장을 갖고 있었지만, 2006년에는 스페인 전 지역에 1,400여 개의 매장으로 확대되었다. 2010년 현재는 2,100여 개 매장에 이르고 있다.

이 시기에 에로스키는 두 개의 거대 유통 사기업을 인수·합병하는 데 성공했다. 첫 번째는 2003년 '메르카트'를 인수한 것이었는데, 이 유통기업 인수를 위해 에로스키는 2002년부터 2004년까지 3년 동안 3차에 걸쳐 총 3억 유로의 채권을 발행했다. 두 번째는 2007년 스페인 굴지의 유통 그룹 '카프라보'를 인수한 것이었는데, 인수에 들어간 비용은 28억 유로를 웃돌았다.

이렇게 두 유통기업을 인수한 결과 몬드라곤의 유통 부문 매장은 2006년에 비해 50%가량 늘어났고, 고객 수는 250만 명이 증가했으며, 노동자 수는 단기적으로 1만 2,000명 정도 늘어났다. 이로써 에로스키는 스페인에서 가

에로스키 | 에로스키를 처음 만들 당시 몬드라곤의 지도자들은 그다지 중요하지 않은 주변부의 조직 정도로 여겼다. 그러나 에로스키가 크게 성장하면서 소비자협동조합이 주목을 받았으며, 몬드라곤에도 활력을 불어넣었다. 에로스키는 소비자협동조합에서 일하는 노동자 조합원과 소비자 조합원으로 이루어진 혼성조직으로 출발했다는 점에서 다른 소비자협동조합과 다르다. 즉 보통의 소비자협동조합에서 조합원 자격은 소비자에 한정되었지만, 에로스키는 처음부터 두 개의 집단으로 이루어진 조합원을 둔 것이다.

장 영향력 있는 유통기업으로 성장했다.

또한 이 시기에 해외시장을 확대하기 위한 준비도 차근차근 진행되었다. 1999년 이미 프랑스에 3개의 하이퍼마켓과 19개의 슈퍼마켓을 론칭하고, 2002년 프랑스의 유통 그룹 '레 모스케테르'와 판매협약을 맺었다. 2005년에는 독일의 유통 그룹 '에데카'와 판매협약을 맺었는데, 이 그룹은 유럽 전역의 1만 7,000여 개 매장과 거래하고 있었다. 앞으로 이 부문에서 국제 거래는 점점 증가할 것으로 보이며, 해외 판매망 확대는 에로스키의 새로운 성장 동력이 될 것으로 기대된다.

에로스키가 거대 유통기업으로 성장한 이면에는 협동조합운동 측면에서 볼 때 아픈 기억이 자리하고 있다. 1990년대 초반 에로스키는 바스크를 넘어 스페인의 다른 지역으로 유통망을 확대하는 기본 전략을 세우고 해당 지역의 소규모 소비자협동조합들을 그룹으로 끌어들이는 전략을 선택했었다. 이는 초기 에로스키의 성장에 많은 힘을 보태주었다. 특히 1990년대 초반 발렌시아의 소비자협동조합 '컨섬'을 끌어들인 것은 에로스키의 발전에 매우 결정적인 일이었다. 그러나 컨섬의 조합원들은 에로스키의 대형화와 사업 확대를 못마땅하게 생각했다. 2003년 결국 이들은 에로스키 협동조합과 이별을 선언하고 독립해 나갔다.

농업 및 식품 분야

몬드라곤의 유통 부문에서 에로스키와 함께 중요한 위치를 차지하고 있는 분야는 농업 및 식품 분야이다. 제조업협동조합에서 시작한 초기 설립자들은 1980년대까지도 농업 및 식품 분야에 별 관심을 기울이지 않았다. 이 점은

『몬드라곤에서 배우자』 15장에 기술되어 있다. 윌리엄 화이트가 그 책을 집필할 당시 몬드라곤에서 농업 및 식품 분야는 아주 작고 보잘것없었기 때문에 한 꼭지 분량을 할애하여 자세히 서술해놓은 것조차 어쩐지 편파적으로 느껴질 정도지만, 몬드라곤 사람들은 화이트와 생각이 좀 다른 것 같다. 그들은 일단 자신들이 농업에 관한 한 문외한이고 바스크 지역의 농토가 농사에 적당한 토양이 아니라는 생각에 지배당하고 있었다. 울고의 다섯 설립자 중 한 명이자 노동인민금고의 이사장을 오랫동안 역임한 몬드라곤의 살아 있는 전설, 호세 마리아 오르마에케아조차 1991년 몬드라곤 협동조합운동의 35년 역사를 총정리한 『몬드라곤의 경험』을 집필하면서 놀랍게도 이 분야에 대해서는 단 한 줄도 언급하지 않았다.(그래서 필자는 이 책을 보고 정말 많이 놀랐다!)

하지만 1990년대 이후 상황은 급변했다. 에로스키의 놀라운 성공으로 몬드라곤은 스페인 전역에 수많은 매장을 갖게 되었고, 따라서 이 매장에서 판매할 수 있는 농업 및 식품 분야의 사업은 가장 성장 가능성이 높은 분야로 주목받았다. 몬드라곤의 노동자 조합원들에게 이 분야가 훌륭한 사업거리라는 것을 인식시키는 데는 많은 시간이 걸리지 않았다.

1998년에 이르러 이 분야에서는 단체급식 사업영역의 '아우소-라군', 우유 생산, 가축 사육과 가공, 사료 판매를 담당하는 '미바', '베히-알데', '우네켈' 등의 회사들이 활동하게 되었다. 1999년 두 개의 단체급식 회사가 새로 설립되었고, 전년 대비 28%의 성장을 달성했다. 2000년에는 31%, 2001년에는 22%의 성장을 기록했는데, 이는 당시 몬드라곤의 다른 분야 사업에 비해 월등히 높은 성장률이었다. 특히 2001년에 신규 회사 '멀티푸드'가 설립되어 에로스키 매장 내에서 판매하는 패스트푸드와 도시락사업에 뛰어들었다. 이 사업은 2002년 23%의 성장을 보였다. 그 뒤 홈토탈 서비스기업 GSR도 설립되었다. 2003년부터 2005년까지 스페인 경제가 부분적으로 침체되는

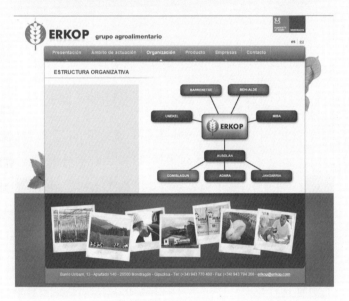

농업과 식품 분야 협동조합 | 몬드라곤에 처음 생긴 협동조합 울고는 공업 분야였다. 그러나 울고가 주목을 받으면서 주변의 농촌 지역 사람들에게도 관심을 끌게 되어 마침내 최초의 농업협동조합 '라나'가 만들어졌다. 그 뒤 유통 부문의 에로스키가 성장하면서 농업 관련 사업도 발전했다. 위 사진은 라나의 모습이고, 아래는 농업협동조합 인터넷 홈페이지(www.erkop.com) 화면이다. 이 홈페이지에는 미바, 베히-알데, 우네켈 등의 회사가 링크되어 있다.

국면 속에서도 이 분야는 매년 평균 10% 성장률을 나타냈다.

2006년 단체급식 회사 한 곳이 새로 설립된 뒤에 이 분야의 매출은 약 10% 성장했다. 2007년 카프라보를 인수한 이후에는 매출이 약 15% 성장했다. 더욱이 카프라보 인수 효과가 2008년부터 직접적으로 나타나기 시작하면서 전체적으로 20%, 급식사업에서만 약 27%의 성장이 있었다.

몬드라곤 사람들은 향후 농업 및 식품 분야의 사업성이 매우 밝을 것으로 전망하고 있다. 제조업 부문에 비해 매출 대비 고용 창출의 효과도 매우 높을 것으로 예상된다. 몬드라곤의 진화 과정에서 이 분야의 발전상을 점검하는 것은 매우 즐거운 일이 될 것이다.

소비자협동조합인가, 노동자생산협동조합인가?

몬드라곤의 유통 부문은 크게 판매기업과 농업·식품 분야의 기업으로 나뉘어 있고, 이 두 분야의 성장 속도가 제조업이나 금융 부문보다 월등히 빠르지만, 이들에게는 해결해야 할 또 다른 과제가 남아 있다. 에로스키를 중심으로 한 판매기업들이 매우 공격적인 확장 전략을 전개함에 따라 이곳에 고용된 노동자들의 조합원화가 성장 속도를 따라가지 못하고 있는데, 이는 몬드라곤 전체 피고용자 대비 조합원의 비율을 떨어뜨리는 가장 큰 원인이 되고 있는 것이다.

원래 에로스키는 설립 초기부터 소비자협동조합의 성격과 노동자생산협동조합의 성격을 동시에 갖고 있었다. 에로스키 조합원 총회는 소비자 조합원 총회와 노동자 조합원 총회로 이루어지고, 각각에서 50%의 이사진을 구성하는 '독특한' 방식을 채택했다. 보통의 소비자협동조합들이 소비자 조합원을 대표하는 이사진과 피고용인들로 구성된 노동조합의 단체협상을 통해 노사 관계를 조정하는데, 이것과 비교한다면 에로스키는 소비자협동조합운동계의 '이단아'에 가깝다고 볼 수 있다.

노동자 조합원들의 절대 숫자는 증가하고 있는데도 전체 종사자들 속에서 그 비중이 점점 떨어지는 것은 에로스키의 근본적 정체성에 관한 문제를 낳는 요인이 되고 있다. 판매기업에서 비조합원 노동자(주로 판매원)가 노동자 조합원이 되려면 약 1만 유로에 가까운 출자금을 내야 한다. 에로스키 경영진은 이들의 조합원화를 위해 많은 노력을 기울이고 있지만, 협동조합 문화에 익숙하지 않은 피인수·합병 기업의 노동자들이 이것을 받아들이는 데는 시간이 필요할 것이다.

2007년 에로스키의 임시 조합원 총회는 이 문제에 대해 공식적인 결의를 했다. 즉 유통 부문의 모든 회사를 협동조합으로 전환시키고 모든 노동자를 점진적으로 조합원으로 전환시킨다는 기본 방침을 채택한 것이다. 2010년 현재 이 결의의 성과는 빠른 속도로 가시화되고 있다. 아마도 2~3년 내에 이 부문의 노동자들 75% 이상이 노동자 조합원으로 전환될 것이 분명하다. 이 비율은 제조업 부문 종사자들 중에서 노동자 조합원이 차지하는 비율과 거의 비슷한 수준이다. 물론 비조합원으로 남을 경우에도 이들과 조합원 노동자들의 월급 차이는 현재와 같이 거의 없을 것이다. 하지만 빠르게 성장하면서 수익을 내는 회사의 소유권을 갖지 않으려는 노동자는 그리 많지 않을 것으로 본다. 더욱이 조합원으로 가입하는 데 필요한 출자금을 노동인민금고에서 쉽게 빌릴 수도 있다. 정작 문제가 되는 것은 이들 노동자가 협동조합 문화에 얼마나 짧은 시간 안에 적응하느냐이다.

07
지식 부문의 진화

MCC 체제의 초기, 즉 1990년대까지 연구·교육 그룹은 세 개의 기술연구소와 초등학교, 중등학교, 대학교, 평생교육, 협동조합 경영교육 등 다양한 수준의 교육기관으로 구성되었다. 몬드라곤이 발전하는 데 연구·교육 그룹의 기여도는 매우 컸다. 기술연구소들은 몬드라곤 제조업 부문의 지속적 기술혁신을 가능케 함으로써 이들을 세계적인 기술경쟁력을 가진 기업들로 성장시켰다.

몬드라곤 교육기관에서 학생들은 어린 시절부터 협동조합 문화에 익숙해지도록 교육받았고, 졸업하면 대개 몬드라곤의 노동자 조합원으로 배치되었다. 이러한 교육의 효과는 참으로 놀라웠다.

최근 들어 우리나라뿐 아니라 세계 어느 나라든 산학협동의 중요성이 점점 더 높아지고 있는 추세다. 하지만 그 어디에도 자신의 기업문화에 익숙한 2세들을 재생산하는 기업은 존재하지 않는다. 이것을 몬드라곤이 실현해오고 있다.

기술연구소 이켈란, 이데코, 그리고 각종 분야의 신기술연구소

『몬드라곤에서 배우자』 2부 7장 '높은 경쟁력의 비밀, 공업기술연구협동조합'에는 몬드라곤 설립 초기 호세 마리아 신부가 제조업 부문 협동조합들의 기술 혁신에 큰 관심을 기울이면서 공업응용기술연구소 이켈란을 설립하고 확장하는 과정이 잘 그려져 있다. 그 당시 제자들은 노동인민금고의 설립에 반대했던 것과 마찬가지로 기술연구소를 설립하려는 신부의 계획에 반대했다. 하지만 결국 신부에게 설득당하고 말았다.

1976년 호세 마리아 신부가 죽음에 이를 무렵 공업응용기술연구소 이켈란은 실험실과 실험장비를 제대로 갖춘 바스크 지역 최고의 기술연구기관으로 자리를 잡았다. 이 시기에 이켈란의 연구 예산은 바스크 주정부가 약 50%, 몬드라곤 협동조합들과 사기업이 합쳐 50%의 비율로 조달되었다.

MCC 체제의 출범 직전인 1990년 1년 동안 이켈란은 설계와 제작기술, 정보화기술, 에너지 절감 기술 분야에서 국내 프로젝트 약 60건, 국제 연구 프로젝트 50여 건을 수행했다. 이에 대한 연구 예산은 모두 500만 유로였다. 연구 예산은 1998년 900만 유로, 2002년 1,400만 유로, 2006년 1,800만 유로, 2010년에는 약 2,000만 유로로 증가했다. 현재 이켈란에는 260여 명의 연구자들이 일을 하고 있다. 물론 이들은 조합원으로서 이켈란의 경영에도 참여하고 있다.

1986년 기계공구협동조합 데바코 그룹의 기술 혁신을 위해 이데코가 설립되었다. 이데코는 주로 공작용 기계 분야의 기술을 연구했는데, 1990년에 들어 각종 구조설계, 수치제어, 인공지능, 센서 연구, 나아가 로봇 연구로까지 영역을 확장했다. 이데코의 연구 예산은 1998년 약 300만 유로, 2002년 약 500만 유로, 2010년 약 800만 유로로 늘어났다. 연구원들은 100여 명으로

몬드라곤 기술연구소 | 몬드라곤 제조업 부문이 지속적으로 성장할 수 있었던 것은 기술연구소의 영향이 컸다. 공업응용 기술연구소 이켈란을 비롯하여 각종 분야의 신기술연구소들은 몬드라곤의 기술경쟁력을 높이고 있다. 기술연구소의 연구원들도 조합원으로서 회사의 경영계획과 발전 전략에 참여해야 한다. 사진은 위에서부터 이켈란, 이켈란의 나노기술 연구자들, 마이어 테크놀로지이다.

증가했다.

1995년 자동차 부품 분야의 기술 혁신을 위해 '마이어 테크놀로지'가 설립된 이후 2000년대에 들어서는 몬드라곤의 각 제조업 분야에서 기술연구소들을 따로 만들기 시작했다. 그에 따라 2000년 자동화 모듈에 관한 기술 분야의 '모두테크', 2002년 경영 연구 분야의 '미크'가 설립되었다.

기술연구소의 설립에 획기적인 전기가 마련된 해는 2003년이다. 이해에 스페인 경제는 다소 침체된 국면으로 접어들었는데, 이에 대응하여 몬드라곤 제조업 부문의 연구·개발에 대한 투자는 기술연구소 설립으로 이어졌다. 파고르 전자의 기술 개발을 위해 만들어진 '아오테크', 기계 제작 분야의 '코니커', 디자인과 비파괴 실험기술 분야의 '로르테크', 리프트 엘리베이터 기술 분야의 '오로나', 도로포장 분야의 '울마 PTC', 자동차 부품 신소재 분야의 '에더테크' 등이 설립되었다. 그리고 같은 해 산학 공동연구 방식의 전형을 만들어낸 '가라이아 혁신 공원'이 설립되었다. 여기에서는 주로 건설 분야의 기술 연구가 진행되었다.

또한 2005년 파고르 가전에서 전자, 통신, 디자인, 진동융합기술 연구를 주로 하는 '홈테크', 2007년 선진적인 기업 비즈니스 서비스 기술을 연구하는 '이세아', 2008년 미국 마이크로소프트와 공동으로 가정용품 분야의 내장 기술 연구를 주로 하는 '에틱 마이크로소프트'가 설립되었다. 2009년에는 가정 절전 시스템 기술을 연구하는 'CS 센트로'가 설립되었다.

2010년 현재 이 모든 기술연구소의 연구 예산은 총 5,900만 유로에 이르고, 연구자 수는 780명을 넘어섰다. 앞으로 기술 연구 분야는 계속 확대되고 더욱 세분화될 것으로 전망된다.

기술 연구 분야에서도 협동조합의 정체성에 관련된 문제는 여전히 존재한다. 1990년대까지 설립된 이켈란, 이데코, 마이어 테크놀로지는 모두 협동조합 방식으로 운영되는 기술연구소이다. 이곳의 연구원들은 연구 시간을 쪼개 연구소의 이사회에 참여하고 경영자들을 선출하며, 연간 경영계획 및 중장기 발전 전략 등에 대해서도 관심을 가져야 한다. 이것은 공학도인 연구원들에게 매우 부담스러운 일이지만, 이 역시 조합원으로서 그들이 짊어져야 할 의무였다.

그러나 2000년대 들어 설립된 기술연구소들은 대부분 제조업협동조합의 자회사이거나 몇 개 협동조합 기업의 합작회사 형태로 만들어졌고, 연구원 대부분은 비조합원으로 구성되어 있다. 특히 최신 첨단 분야의 기술 연구를 위해 스카우트한 고급 연구자들은 협동조합 문화에 익숙하지 않은 경우가 많다. 최근 설립되어 운영의 초기 단계에 있는 대부분의 기술연구소들에서 협동조합 문화가 정착되기까지는 일정한 시간이 필요할 것이다. 몬드라곤의 진화 과정에서 이 부분도 앞으로 눈여겨볼 대목이다.

몬드라곤대학교

MCC 체제의 출범 이전부터 이미 몬드라곤이 운영하던 교육기관들은 매우 다양하고 활동적이었다. 호세 마리아 신부는 1941년 이 지역에 부임하자마자 기술전문학교를 만들었고, 이 학교 졸업생들을 모아 몬드라곤의 토대를 쌓는 데 성공했다. 그가 교육에 쏟아부은 열정은 정말 대단했다. 몬드라곤의 모든 교육기관에 표어로 붙어 있는 호세 마리아 신부의 다음 글귀를 음미해 보라.

삶의 표현은 그저 살아 있다는 것이 아니라 다시 태어나고 적응해간다는 것이다.

몬드라곤대학교 | 1991년 MCC 체제가 출범하고 7년이 흐른 1998년 몬드라곤에 대학이 설립되었다. 몬드라곤대학교도 협동조합 형태로 운영되었으며, 이곳을 졸업한 학생들의 절반가량은 몬드라곤의 조합원이 되었다. 몬드라곤이 발전하는 데는 몬드라곤대학을 비롯한 기술연구소들의 공헌이 결정적이었다. 사진은 위 왼쪽부터 시계 방향으로 대학 캠퍼스 안에 있는 호세 마리아 아리스멘디아리에타 신부의 동상, 몬드라곤대학교 건물, 대학 도서관, 비다소아 캠퍼스 경영학부 건물이다.

호세 마리아 신부의 영향을 받은 제자들은 1990년대 초반까지 각종 교육 기관을 설립했다. 『몬드라곤에서 배우자』에 자세히 서술된 기술전문학교의 설립 과정과 발전, 그리고 성공은 몬드라곤의 발전에 큰 영향을 미쳤다. 이 학교에서 몬드라곤의 제조업 부문에 필요한 노동자 조합원들이 매년 쏟아져 나왔다. 이들은 회사의 협동조합 문화에 잘 적응했으며, 기술 수준 또한 높았다. 기술전문학교뿐 아니라 경영 분야의 교육에서도 큰 진전이 있었다. 오냐티 지역에 세워진 '에테오'에는 마케팅, 경영행정, 기업 관리 등의 전문가 코스가 개설되었다. 또한 외국의 대학교나 스페인의 타 지역 대학들과 연계를 맺어 에테오 졸업생들을 공부시키는 프로그램도 매우 활발하게 진행되었다. 이를 전문적으로 관리하고 진행하는 '고이에르'라는 이름의 교육 컨설팅 기관도 만들어졌다.

MCC 체제가 출범하고 7년이 흐른 1998년, 몬드라곤은 자신들이 세운 대학교를 갖게 되었다. 이것은 몬드라곤의 연구·교육 부문에서 이루어진 가장 커다란 성과라고 할 수 있다. 설립 첫해 몬드라곤대학에 총 2,400여 명의 학생들이 등록했다. 교육과정으로는 3년 코스의 1단계 과정과 4년 코스의 2단계 과정을 두었다. 그리고 이 과정을 마친 학생들을 위한 3단계 과정, 즉 대학원 과정을 개설했다. 대학원 과정에는 200여 명이 등록했다. 대학의 1년 예산 규모는 1,400만 유로 정도였다.

몬드라곤대학은 교육협동조합으로 운영된다. 주로 MCC의 기금을 투자받아 운영되지만, 대학의 이사진은 MCC 경영진뿐 아니라 교직원들로 공동구성된다.

1998년 설립 당시 교육과정은 엔지니어링학부, 경영학부, 인문학부 세 가지로 짜여졌다. 엔지니어링학부는 1단계 과정으로 기계, 컴퓨터, 전자 제조, 산업디자인과 등이 있었고, 2단계 과정으로 산업조직, 자동화, 전자산업과가 있었다. 3단계(대학원) 과정에는 산업조직 학위과정, 엔지니어링 학위과정, 자동화 학위과정이 있었다. 경영학부는 1단계 과정으로 컴퓨터 엔지니어링, 기업행정, 경영학과가 있었고, 2단계 과정으로 기업행정과 경영학과가 있었다. 인문학부에는 1단계 과정으로 유아교육, 특수교육, 영문학과가 있었고, 2단계 과정으로 기업인간학과가 있었는데, 대학원 과정도 이와 동일했다. 몬드라곤대학의 교육과 관련하여 한 가지 특징적인 것은 강의의 약 60%가 스페인어가 아닌 바스크어로 진행되었다는 점이다.

몬드라곤대학은 설립 이후 꾸준히 학생 수가 증가하고 학과도 다양해졌으며, 산학협동의 기술 연구 과제도 활발하게 진행되었다. 졸업 이후 조합에 가입하는 것이 의무 사항은 아니지만, 대학 졸업자 중 절반가량은 몬드라곤의 노동자 조합원이 되었다.

2000년 들어 몬드라곤대학에는 교육심리학과와 통신엔지니어링과가 신설되었다. 그리고 대학원 과정에는 기업 경영, 인터넷 환경 시스템, 인터넷 환경 개발, 기업 컴퓨터 시스템 등 4개 학과가 신설되었다. 2001년에는 금융 경영, 환경 경영, 웹 어플리케이션 분석, 정보기술 교육, 교육센터 경영, 전략 경영 과정 등이 추가되었다. 2002년에는 총 23개의 대학원 수강 과목이 개설되었고, 기업 연구소들과의 공동연구도 매우 활발히 진행되었다. 2003년 몬드라곤대학의 학생 수는 3,500여 명으로 늘어났다. 특히 매년 학부 과정의 학생 수보다 대학원 과정의 학생 수가 훨씬 빠른 속도로 늘어났다.

2008~2010년까지 3년간 몬드라곤대학은 국제적인 수준의 대학으로 발전하기 위한 새로운 프로젝트를 시작했다. 그중 하나가 엔지니어링 분야의 6개 과정에 대해 프랑스 대학들과 공동학위를 수여한 것이다. 대학원 과정의 수료생들은 417명이었으며, 120명이 박사학위 과정을 밟았다.

또 한 가지 주목할 부분은 2006년 MCC 체제에서 몬드라곤 체제로 전환되면서 몬드라곤대학이 각종 직업교육기관들을 통합적으로 운영하기 시작했다는 점이다. 이 기관들은 이전에 대학과는 별도로 독립적으로 운영되었지만, 2006년 이후 몬드라곤대학의 비즈니스학부, 인문 및 교육학부, 몬드라곤 기술학부로 편재되어 통합 운영되고 있다.

몬드라곤대학에 속해 있지 않은 교육기관에는 기푸스코아 지역의 유치원 네트워크인 '아리스멘디', 은퇴자 기술교육기관 '레아-알티바이', 그리고 협동조합 경영교육기관 '오타롤라'만 남아 있다.

아리스멘디는 2000년대 초반부터 몬드라곤이 심혈을 기울여 인수하고 협동조합 방식으로 전환시킨 대표적인 유아교육기관이다. MCC는 이 기관의 인수와 협동조합 전환에 무려 7~8년간 공을 들였다. 기푸스코아 지역 어린 이들의 약 2/3를 포괄하는 이 유치원 네트워크는 그곳에서 일하는 교직원과 학부모들이 공동으로 운영하고 있다. 이른바 우리나라의 공동육아협동조합이라고 할 수 있다.

협동조합 경영교육기관 오타롤라

몬드라곤에 대해 궁금한 점이 있는 연구자나 활동가가 몬드라곤을 방문하면 대부분 오타롤라로 먼저 안내된다. 오타롤라는 MCC 체제가 출범하고 3년이 지난 1994년에 설립되었다. 주요 임무는 몬드라곤 각 부문 및 개별 협동조합의 이사진과 조합평의회 간부들에게 협동조합 경영교육 프로그램을 제공하는 것이다. 1998년 이들을 위해 6개 교육과정이 운영되었고, 약 220여 명이 이 과정을 이수했다. 물론 일반 조합원들이 참여할 수 있는 각종 세미나를 개최하기도 한다. 그리고 월간 잡지 『TU Lankide』를 발행하고 있다.

이 잡지는 몬드라곤이 설립 초기에 발행했던 『노동과 단결』의 맥을 잇고 있다. 발행 부수는 매월 1만 부 정도이다.

스페인이나 외국의 연구자와 경영자가 참여할 수 있는 짧은 연수 프로그램도 있다. 1998년 한 해 동안 세계 각국에서 800여 명의 방문자들이 오타롤라를 찾고 몬드라곤에 대한 교육을 받았다. 오타롤라에서 진행되는 교육에서는 몬드라곤의 현직 부서장들이 강의를 맡기도 한다. 오타롤라는 스페인이나 외국 대학들과의 교류도 매우 활성화되어 있다.

1999년에는 몬드라곤대학과 연계된 '혁신 경영 과정'이 새롭게 개설되었고, 유통 부문과 기업 서비스 분야에 초점을 맞춘 교육과정도 마련되었다. 이외에 몬드라곤대학을 졸업한 대학원생들을 위해 협동조합 경영 과정도 개설되었다. 이해에만 약 1,000명의 해외 방문객들이 몬드라곤에 대한 소개 교육에 참여했다.

2002년 몬드라곤대학 내에 오타롤라가 운영하는 '선진 지도자 과정'과 여러 종류의 전문가 과정을 상시적으로 개설한 '모네'가 설립되었다. 여기에는 몬드라곤대학과 MCC가 공동으로 투자했다. 교육과정으로는 마드리드 농업협동조합 지도자 과정, 오냐티 지역민을 위한 MBA 과정, 은행 업무와 주식거래인 과정이 개설되었다.

2002년부터는 지도자 과정 안에 '대화기술 개발 프로그램'이 추가되었는데, 협동조합 경영자들에게 매우 인기 높은 교육과정으로 자리를 잡았다. 2003년에는 협동조합별 맞춤 지도자 과정이 개설되기도 했다. 에로스키 경영자를 위한 과정, 파고르 경영자를 위한 과정, 노동인민금고 경영자를 위한 과정 등이 그것이다.

2005년 해외에서 몬드라곤을 찾아오는 방문객 수는 2,000명을 넘기 시작했다. 오타롤라는 이들을 위해 2~5일 과정의 소개 교육 프로그램뿐만 아니

오타롤라 | 1994년 설립된 오타롤라는 경영교육기관이다. 몬드라곤 각 부문, 개별 협동조합의 이사진과 조합평의회의 간부들에게 협동조합 경영 프로그램을 제공하고 있다. 몬드라곤의 경영자들은 이곳의 교육을 통해 회사의 발전에 대해 고민하고 협동조합의 정체성을 지켜나가는 방법도 연구한다. 몬드라곤의 경영과 협동조합 정신을 배우러 찾아오는 해외의 방문객들도 이곳에서 교육을 받는다.

라 각종 세미나와 교육과정을 다양하게 마련했다. 2007년부터는 방문객 수가 4,000여 명에 육박했다.

몬드라곤의 경영자들을 위한 협동조합 경영교육과정은 매우 적극적이고 체계적으로 진행되고 있다. 교육을 받는 사람들 중에는 전문 경영자도 있지만 평조합원 출신의 이사와 조합평의회의 간부도 여럿 있다. 이들은 오타롤라의 경영교육과정을 이수한 뒤 현장에 돌아와 경영에 참여하는 과정을 통해 회사의 구조와 발전 전략에 대해 높은 수준의 이해도를 유지하게 된다. 또한 이 과정을 통해 어떻게 협동조합의 정체성을 지켜낼 것인가에 대해서도 고민하게 된다. 몬드라곤이 꾸준히 발전해나갈 수 있었던 요인으로 여러 가지를 들 수 있겠지만, 가장 중요한 것으로 이러한 체계적이고 지속적인 협동조합에 대한 경영교육을 빼놓을 수 없다.

| 3부 |

몬드라곤의 원칙과 가치

몬드라곤이 지켜온 특별한 원칙

협동조합운동의 일반적인 분류에 따르면 몬드라곤은 크게 네 가지 협동조합이 복합된 형태이다. 몬드라곤의 금융 부문에서 핵심 역할을 하고 있는 노동인민금고는 일종의 신용협동조합이고, 제조업 부문의 대부분 기업들은 노동자생산협동조합이며, 유통 부문의 핵심 기업인 에로스키는 소비자협동조합이다. 그리고 몬드라곤대학교를 비롯한 교육기관들은 교육협동조합이다.

몬드라곤에서 제조업 부문의 기업들은 전형적이고 모범적인 노동자생산협동조합이지만, 노동인민금고나 에로스키는 약간 변형된 신용협동조합과 소비자협동조합이라 할 수 있다. 또 몬드라곤의 교육기관들은 세계적으로도 흔치 않은 교육협동조합이다.

몬드라곤의 원칙과 가치는 200여 년 지속되어온 협동조합운동의 일반 원칙, 특히 노동자생산협동조합의 원칙을 기반으로 하고 있다. 하지만 몬드라곤은 단지 그 원칙을 고수하는 데만 머물러 있지 않았다. 출범 이후 50여 년 넘는 기간 동안 몬드라곤은 자신만의 독특한 원칙과 가치를 발전시켜왔던 것이다. 특히 1980년대 이후 유럽 전역이, 그리고 1990년대 이후 세계적으로 양극화의 심화와 고용 악화라는 공동의 문제를 떠안게 되면서 몬드라곤은 이 문제의 해결에 집중했다. 몬드라곤 노동자들은 자기들의 이익을 중심에 두지

않고 언제나 미래의 조합원들을 중시하는 희생과 헌신의 태도를 보여주었다. 몬드라곤은 고도성장의 시기는 두말할 나위 없고 경기침체 국면에서조차 언제나 일관되게 고용 확대를 염두에 둔 경영전략을 구사했다. 이 점에서 몬드라곤은 협동조합운동사에서뿐 아니라 지구 위에서 벌어졌던 그 모든 기업 활동의 역사에서 '특별한 위치'를 갖게 되었다.

08
협동조합의 일반 원칙

몬드라곤의 원칙을 제대로 이해하기 위해서는 협동조합운동에 관한 일반 원칙을 알아두어야 한다. 그리고 협동조합운동의 일반 원칙을 이해하기 위해서는 협동조합이란 무엇이고, 어떻게 만들어지기 시작했으며, 현재 전 세계적으로 어떠한 상태에 놓여 있는지 파악해야 한다.

협동조합운동 역사에서 몬드라곤의 위치

협동조합의 원칙을 살펴보기 전에 몬드라곤이 협동조합운동사에서 어떤 위치를 차지하고 있는지부터 알아보자. 이 주제와 관련해서는 일본 연구자들이 정리한 시기구분이 도움이 된다. 일본의 많은 연구자는 협동조합운동의 역사를 세 단계로 나누어 설명하고 있다.

1단계는 협동조합운동의 씨앗이 잉태되고 싹을 틔운 시기로, 로버트 오언으로 대표되는 실험정신이 주도했던 때다. 2단계는 로치데일 소비자협동조합을 필두로 라이파이젠이 주도했던 신용협동조합, 그리고 프로이센 지역과 덴마크의 농업협동조합, 남부 유럽의 노동자협동조합, 주택·보건 분야를 포함한 서비스협동조합 등 현재 전 세계적으로 존재하는 대부분의 협동조합이 만들어진 시기다. 3단계는 협동조합운동이 '소속 조합원만의 이익 추구'라는 관점에서 벗어나 협동조합의 사회적 책임과 역할을 확대된 관점으로 해석하고 '고용'과 '환경'이라는 범지구적 문제에 대응하는 것이 중요하다는 판단에 따라 협동조합운동의 지평을 넓혀나간 시기다.

이러한 분류에 따르면 현재 협동조합운동은 2단계 말미에서 3단계로 나아가는 과도기라고 볼 수 있다. 몬드라곤은 일본과 한국에서 활발하게 진행되고 있는 생활협동조합운동과 함께 3단계 협동조합운동의 대표적 사례로 분류된다. 몬드라곤은 고용 문제를 해결하기 위한 협동조합의 노력을 보여주는 사례로, 생활협동조합운동은 환경문제를 해결하기 위한 협동조합의 대표적 대응 사례로 언급된다.

1단계 협동조합운동

협동조합운동은 노동조합운동이나 사회주의운동과 마찬가지로 산업혁명기의 비인간적 노동조건과 짐승이나 다를 바 없는 취급을 당했던 노동자들의 열악한 상태에 대한 반성에서부터 시작되었다. 1700~1800년대 초반 영국에서 본격화된 산업혁명 시기에 인클로저로 인해 양 떼에게 경작지를 빼앗기고 농촌에서 쫓겨난 도시 노동자들의 상태는 참혹했다. 그들은 공장이나 광산 근처의 노동자 합숙소에서 생활하며 하루 16시간 이상의 혹독한 노동에 시달렸다. 그러나 이보다 더 참혹한 상황은 만 7세부터 14세 이전 아동들의 노동이 공공연히 착취된 것이었다. 광산주나 공장주는 값싸고 통제 비용이 적게 드는 '유아 노동'을 선호했다. 특히 광산주는 어린아이나 드나들 만한 폭의 좁은 갱도를 선호했는데, 이는 어른이 지나다닐 수 있는 큰 갱도에 비해 비용이 적게 들어가기 때문이었다. 광산주는 이렇게 좁게 만든 갱도에 어린아이를 내려보내 석탄이나 철광석을 캐게 했다.

우리가 흔히 '공상적 사회주의자'라고 배운 로버트 오언은 바로 이 시기에 영국에서 살았던 인물이다. 그는 학교를 거의 다닌 적이 없었지만 젊은 시절부터 옷감 장사를 해서 꽤 많은 돈을 벌었다. 당시에 옷감 장사는 요즘으로 치면 '반도체 딜러'쯤에 해당하는 첨단 업종이었다. 그 시기 교양 있는 지식인들이 그랬듯이 그는 사회문제, 특히 노동자들의 삶과 노동환경, 노동조건에 남다른 관심을 갖고 있었다. 그리고 공장주가 노동자들을 비인간적인 노동환경으로 내몰지 않고는 공장 경영을 할 수 없는 것인지에 대해 회의를 품었다.

그가 시작한 뉴라나크 방적 공장은 오늘날과 같은 전형적인 협동조합은 아니었지만 당시로서는 매우 획기적이고 놀라운 실험이었다. 그는 젊은 시절 방적 공장 사장 딸과 결혼하여 장인의 공장을 헐값에 넘겨받아 실험장을 만들어내는 데 성공했다. 이 공장의 이름이 바로 뉴라나크이다. 이 공장에서 그는 14세 이하의 어린 노동자들에게는 일을 시키지 않고 공장 안에 만들어놓은 학교에서 공부하도록 했다. 그리고 14세에서 18세까지는 반나절만 일을 하고 나머지 반나절은 학교에서 공부하도록 했으며, 성인 노동자들에게는 하루 12시간 이상 노동을 시키지 않았다. 이뿐만 아니라 노동자들이 생필품을 저렴한 가격에 구입할 수 있도록 회사 안에 구판장을 만들었다. 사실 오늘날 한국의 근로기준법 기준으로 보면 아마도 오언은 감옥에 가야 되는 악덕 기업주이지만, 당시 영국에서 뉴라나크는 꿈의 공장이었다. 영국을 비롯하여 유럽의 지식인들 가운데 이 공장을 방문하지 않은 사람이 거의 없을 정도였다. 지금의 몬드라곤보다 당시의 뉴라나크가 훨씬 더 유명한 곳이었다고 보

로버트 오언(1771~1858) | 영국 웨일스 북부의 신도시에서 태어났으며, 스코틀랜드에 뉴라나크 방적 공장을 세워 노동환경과 노동조건을 개선하고 노동자들의 교육에 힘쓰는 새로운 경영을 했다. 생시몽, 푸리에 등과 함께 3대 공상적 사회주의자로도 불린다. 협동조합운동 연구자들은 뉴라나크에서 협동조합이 잉태되었다고 말한다. 위 왼쪽 사진은 영국 웨일스 중부의 몽고메리셔 뉴타운에 있는 로버트 오언 박물관, 오른쪽은 로버트 오언 동상, 아래는 젊은 시절 오언의 초상화이다.

아도 크게 틀리지 않을 것이다. 방문자들은 이 공장을 견학한 뒤 한결같이 "아니, 이렇게 경영하면서 어떻게 이 회사가 망하지 않을 수 있을까?"라고 생각했다.

뉴라나크는 전형적인 협동조합은 아니었지만 협동조합 연구자들은 이곳에서 협동조합의 씨앗이 잉태되었다고 생각한다. 그것은 바로 '노동자를 가족처럼 대하는 회사'였으며 협동조합은 바로 이러한 휴머니즘을 뿌리로 두고 있다고 생각했기 때문이다.

잉여가치 생산의 담지자 노동자계급이 단결하여 정권을 장악하고 이것을 지렛대로 모든 공장을 노동자들의 것으로 만들어야 한다고 생각했던 과학적 사회주의자들의 관점에서 볼 때 오언의 뉴라나크는 매우 한심하고 제한적이며 공상적인 실험이었다. 하지만 정권을 장악하기 전에 노동자들이 할 수 있는 일이란 계속 싸우는 것밖에 없는가? 다른 대안은 없는 것인가? 혹은 노동자계급이 정권을 잡은 후에도 모든 공장에서 노동자들은 인간적인 대접을 받을 수 있을 것인가? 사회주의 국영기업을 70여 년 경험해본 지금 시점에서 두 번째 질문에 대한 답변이 '아니오'라는 것은 분명하다.

1단계 협동조합운동은 휴머니즘에 기반한 실험으로부터 시작되었다. 뉴라나크의 성공 사례는 유럽 전역으로 번져나갔고 전투적인 노동조합운동 과정에서 벌어진 공장접수운동과도 결합했다. 노동자들은 정권을 장악하기 이전이라도 여기저기서 '인간적인 회사'들을 만들어나가고자 했다. 하지만 이러한 실험은 자본주의 시장경제 속에서 일종의 고립된 섬에 불과했고 오래 지속되기도 힘들었다. 그럼에도 이들의 정신만은 지금까지 살아남아 있다.

2단계 협동조합운동

1800년대 중반에 이르러 노동자들은 노동자 합숙소에서 벗어나 가정을 꾸리고 노동자 밀집 지구에 모여 살게 되었다. 노동자 가족들에게 가장 심각한 생활상의 문제는 생필품을 안정적으로 공급받는 것이었다. 지금이야 생필품 시장에서 소비자는 '왕'을 넘어 '황제'이고 기업들의 마케팅 구호가 '고객 만족'을 넘어 '고객 혼절'로 접어들었지만, 당시의 생필품 시장은 공급자 중심의 시장이었다. 구매력이 약한 노동자 가족들에게 매일 필요한 양초와 소금, 땔감과 설탕은 가격이 오늘 다르고 내일 다른 이상한 물건이었다. 심지어 물건이 없는 날도 허다했다. 따라서 수입이 한정된 노동자 가족들에게 생필품을 안정적으로 공급받는 것은 매우 중요한 문제였다.

1844년 영국 랭커셔 지방 로치데일의 노동자 가장들은 이 문제에 집단적으로 대응하기로 마음먹었다. 이들은 30여 가구를 모아 돈을 추렴하고 그 돈으로 가게를 차렸다. 이 가게에서는 출자금을 낸 조합원들만 물건을 구입할 수 있었는데, 다른 가게들에 비해 훨씬 안정적이고 저렴한 가격에 공급받을 수 있었다. 또한 노동자 한 가구의 구매력과 비교해 30여 가구의 구매력은 물건을 공급하는 기업과의 협상에서 매우 유리한 고지를 점할 수 있게 만들었다. 이렇게 만들어진 로치데일 소비자협동조합은 전형적인 협동조합운동의 시발점이 되었다.

로치데일 이전에도 생필품 구판장이 많은 지역에서 만들어졌지만, 대부분 성공하지 못했다. 가장 어려운 문제는 연말에 장사를 다하고 난 뒤 남은 잉여금을 어떻게 분배할까였다. 어느 곳이나 잉여금의 분배를 둘러싸고 예외 없이 심각한 갈등이 벌어졌다. 로치데일 소비자협동조합은 최초로 이 문제를 '이용고 배당의 원칙'으로 해결했다. 즉 가게에서 물건을 많이 구입한 조합원에게 잉여금을 더 많이 분배한다는 원칙을 세운 것이다. 이 간단한 원칙은 지금 모든 협동조합에서 당연한 원칙으로 받아들여지고 있지만, 이 원칙을 처음 만들어낸 1870년대 로치데일 소비자협동조합운동가들에게는 엄청난

로치데일 협동조합 | 로치데일 소비자협동조합은 영국의 공업 도시 로치데일에서 직물 공장 노동자들 28명이 1년에 1파운드씩 출자금을 모아 일상생활에 필요한 밀가루나 버터 등의 식료품을 공동구입하기 위해 만든 점포에서 시작되었다. 로치데일 소비자협동조합운동은 세계 여러 나라에 확산되었으며, 1937년 국제협동조합연맹(ICA) 총회에 서는 로치데일의 경험을 기초로 협동조합 원칙을 공식적으로 정해 발표했다. 위 사진은 로치데일 소비자협동조합의 개척자들이고, 아래는 로치데일 개척자 박물관이다.

명성을 안겨주었다. 산업혁명기 유럽 어디에서나 노동자 밀집 지역의 노동자 가족들에게는 생필품의 안정적 공급이 중요한 문제였기 때문에, 이를 해결한 로치데일 소비자협동조합의 사례는 폭발적인 반향을 불러일으켰다. 10년 단위로 수천 개의 소비자협동조합이 유럽 전역에 만들어졌고 협동조합운동도 전 유럽으로 번져나갔다.

신용협동조합운동이 시작된 곳은 19세기 후반 프로이센의 농촌 지역이었다. 프로이센 지역은 유럽의 다른 지역보다 농지개혁이 빨리 이루어져 소작농보다 자영농의 비중이 상당히 높았다. 라이파이젠은 기독교를 기반으로 한 농촌활동가였는데, 농민들이 열심히 농사를 지음에도 불구하고 늘 가난하게 사는 원인이 무엇인지에 대해 고민했다. 그는 몇 년을 연구한 끝에, 그것이 고율의 이자를 받는 고리대금업 구조에서 비롯되었다는 결론에 도달했다. 즉 당시 농민들은 봄에 비싼 이자를 물어야 하는 데도 돈을 빌릴 수밖에 없고, 그 돈으로 가을걷이 때까지 농사지으며 생활하다가, 막상 수확을 끝내고 나면 자신이 갖는 것은 없고 수확물의 거의 모두를 원금과 이자로 갚아야 했던 것이다. 이런 악순환이 매년 되풀이되었다.

라이파이젠은 농민들을 설득하여 신용협동조합을 만들고 여유가 있는 대농들에게는 많이, 중농과 빈농들에게는 조금씩 돈을 내게 했다. 그리고 가난한 농민들부터 순위를 정해놓고 고리대금업자들이 받는 이자보다 훨씬 낮은 금리로 봄에 돈을 빌려주었다. 그 다음 해에는 순서에 따라 또 다른 농민에게 돈을 빌려주었다. 몇 년 지나지 않아 이 방식은 놀라운 결과를 나타냈다. 농민들이 고리대금업자로부터 해방될 수 있는 출로를 찾게 된 것이다. 그것도 자신들의 힘으로!

로치데일 소비자협동조합운동과 마찬가지로 라이파이젠 신용협동조합운동도 유럽 각지의 농촌으로 확대되었다. 독일의 도시 지역에서도 소상공인들이 모여 그와 비슷한 원칙에 따라 신용조합을 만들었는데, 이 또한 큰 반향을 불러일으키며 확대되었다. 이렇게 도시의 영세 소상공인들이 모여 만든 신용협동조합을 슐체계 신용협동조합이라 부르는데, 이 이름은 신용협동조합운동을 주도한 국회의원 슐체 델리취를 기려 따온 것이다. 우리나라의 신용협동조합은 라이파이젠 계열이다.

프로이센과 덴마크에서는 가을걷이가 끝난 뒤 농민들이 그 농산물을 중간업자에게 싼값에 넘기지 않고, 대신 스스로 돈을 모아 구판장을 만들고 거기서 직접 팔려는 움직임이 일어났다. 당연히 농민들은 중간업자에게 넘기는 것보다 훨씬 많은 이익을 보장받을 수 있었다. 이렇게 농업협동조합운동이 시작되었다. 배를 가진 선주들은 자신들이 잡아온 물고기를 직접 팔기 위해 구판장을 만들었는데, 이로부터 수산업협동조합이 시작되었다. 산을 가진 산주인들도 임업협동조합을 만들었다. 이런 식으로 협동조합운동이 확산되었다.

프랑스 남부 지역과 스페인, 이탈리아 등 남유럽에서는 생디칼리즘 전통에 기반하여 노동자들의 공장접수운동이 활발하게 전개되었는데, 이 운동이 노동자생산협동조합으로 확대되었다. 20세기에 접어들어서는 주택협동조합이나 보건협동조합과 같은 서비스협동조합들도 생겨나기 시작하여 유럽 전역으로 확대되었다.

2단계 협동조합운동은 유럽을 넘어 점차 전 지구로 퍼져나갔다. 현재 세계 인구 70억 명에서 경제활동인구는 약 45억 명으로 추산된다. 이 가운데 절반에 가까운 20억 명 정도가 어떤 식으로든 각종 협동조합의 조합원으로 등록되어 있다. 이는 협동조합운동이 갖는 보편성에 기인한다. 경제활동이 일어나고 사람들의 공동적 필요가 생겨나는 그 모든 지점에서 협동조합이 조직될 수 있다. 사람들은 스스로의 힘으로 경제문제를 풀기 위해 노력하는데, 이때 협동조합은 좋은 '그릇'의 역할을 담당할 수 있는 것이다.

3단계 협동조합운동

1895년 전 세계 협동조합운동가들이 모여 국제협동조합연맹(ICA)을 조직했다. 물론 몬드라곤도 이 연맹에 가입되어 있다. 3년마다 열리는 국제협동조합연맹 총회는 협동조합운동의 전반적인 방향에 대해 토의하고 협동조합 정신을 되새기는 장으로 활용되고 있다.

1980년 제27차 총회에서는 세계 협동조합운동에서 주목할 만한 주제 발표가 있었다. 일명 '레이드로 보고서'로 알려진 보고서가 여기서 발표된 것이다. 이것은 캐나다 협동조합중앙회 총장 출신의 레이드로 박사가 연맹의 청탁을 받아 집필한 「서기 2000년의 협동조합」이라는 이름의 보고서였다. 그가 제출한 보고서는 세계 협동조합계에 큰 반향을 불러일으켰다.

그는 지난 100여 년간의 협동조합운동에 대해 다음과 같이 평가했다. 즉 협동조합운동의 보편성과 함께 그것이 절대적 빈곤을 완화시키고 민주주의의 성장에 기여한 측면이 크지만 이제는 변화의 요구에 직면했다는 것이다. 또한 협동조합이 거대화 일반화되면서 그것이 갖고 있는 본래적 가치 또는 정신이 점점 희미해지고 결국 조합원 이기주의로 흐르고 있는 점에 대해 통렬하게 비판했다. 도대체 협동조합이 일반 기업에 비해 무엇이 다른지에 대해서도 지적했다. 나아가 협동조합운동이 조합원 이기주의에서 벗어나 현대사회가 공통적으로 맞닥뜨린 네 가지 과제, 즉 첫째 식량문제의 해결과 기아극복, 둘째 인간적이고 생산적인 일자리 문제 해결, 셋째 환경보전에 의한 지속 가능한 사회를 위한 노력, 넷째 지역사회 및 공동체에 대한 기여의 문제를 해결하지 않으면 협동조합은 역사의 뒤안길로 사라져버릴 것이라고 경고했다.

3단계 협동조합운동이 출발하는 지점, 아니 3단계 협동조합을 전개하게 된 문제의식은 바로 레이드로 박사가 지적한 현 단계 인간의 보편적 과제에

국제협동조합연맹 총회 | 1895년 설립된 국제협동조합연맹은 3년마다 총회를 개최한다. 여기서 협동조합운동의 전반적인 방향에 대해 토의하고 협동조합 정신을 되새긴다. 몬드라곤도 이 연맹에 가입되어 있다. 사진은 2009년에 열린 국제협동조합연맹 총회의 모습이다.

대한 대응이라는 성격을 갖고 있다. 몬드라곤은 레이드로 박사가 지적한 네 가지 과제 가운데 특히 인간적이고 생산적인 일자리 문제를 해결해나가는 협동조합운동의 새롭고 활기찬 시도로 평가되고 있다.

1980년 레이드로 박사가 문제 제기를 한 이후 약 15년 동안 협동조합운동가들은 토론과 논쟁을 계속 이어갔다. 이 토론의 결과는 1995년 영국 맨체스터에서 개최된 국제협동조합연맹 100주년 총회에서 「21세기 협동조합의 원칙」이라는 문건으로 정리되고 만장일치로 채택되었다. 여기에는 '협동조합의 정의', '협동조합의 가치' '협동조합의 7대 원칙' 등이 실려 있다. 이로써 협동조합의 정체성에 대한 토론은 일단락되었다. 몬드라곤의 원칙을 살펴보기 전에 이 부분을 먼저 살펴보도록 하자.

협동조합의 정의와 가치

협동조합의 정의, 특성

협동조합은 로치데일 소비자협동조합 이후 광범위한 지역에서 다양한 형태로 만들어지고 존재해왔기 때문에 한마디로 정의하는 것이 사실상 불가능한 일에 가까웠다. 사회주의국가에도 협동조합이 존재했으며, 중남미와 동남아시아 개발도상국에도 협동조합 같지 않은 협동조합이 엄청나게 설립되었다. 따라서 연구자들마다 협동조합을 규정하는 정의도 백인백색이었다. 국제협동조합연맹은 1995년 총회에 이르러서야 그간의 토론을 정리하여 협동조합의 정의를 내릴 수 있었다.

협동조합은 공동으로 소유되고 민주적으로 운영되는 사업체를 통하여 공통의 경제, 사회, 문화적 필요와 욕구를 충족시키고자 하는 사람들이 자발적으로 결성한 자율적인 조직이다.

이 정의는 협동조합의 완전한 상을 그렸다기보다는 최소한의 모습을 규정한 것이다. 즉 다양한 종류의 협동조합을 그 조합원이 자유롭게 운영할 수 있도록 넓은 범위에서 정의한 것이다.

이 정의를 통해 우리는 다음과 같은 협동조합의 특성을 살펴볼 수 있다.

첫째, 협동조합은 정부 및 사기업으로부터 독립적이고 자율적인 조직이다. 협동조합은 공적 자본에 의해 지배되는 국영기업이나 공기업과는 다른 존재이며, 사적 자본에 의해 지배되는 사기업과도 전혀 다른 존재이다. 협동조합은 조합 활동에 직접 참여하는 조합원들의 출자금으로 결성되고 이것을 씨앗 자금 삼아 운영된다.

둘째, 협동조합은 사람들이 결성한 조직이다. 협동조합 중에는 개인만을 가입 대상으로 하는 단위 조합이 있는 반면, 법인도 가입 대상에 포함된 단위 협동조합도 있다. 연합 단계의 협동조합은 다른 종류의 협동조합을 회원으로 두는 경우도 있다. 그렇지만 어떠한 경우이든 협동조합의 민주적 실천의 본질은 조합원(회원 조합)에 의해 결정되어야 한다는 것이다.

셋째, 협동조합은 자발적으로 조직되어야 하고 조합원의 가입이 강제되어서는 안 된다. 조합원은 조합의 목적과 역량 안에서 가입과 탈퇴가 자유로워야 한다.

넷째, 협동조합은 조합원들의 다양한 욕구를 충족시키기 위해 노력한다. 그것은 단지 경제적 욕구에 한정되지 않고 사회적 문화적 욕구로까지 확대된다. 미래에는 협동조합이 문화적, 지적, 정신적 측면에서 더 나은 생활 방식을 제공하는 일이 조합원들에게 혜택을 주고 지역사회 발전에 이바지할 수 있는 중요한 방법의 하나가 될 것이다.

다섯째, 협동조합의 소유권은 민주적인 방식으로 조합원에게 배분되어야 하며 조합원들에 의해 통제되어야 한다.

협동조합의 가치

100주년 총회에서는 협동조합의 정의에 뒤이어 '협동조합의 가치'를 확정하여 선언했다. 협동조합의 가치는 협동조합이 기반을 둔 기본 정신을 포함하고 있는데, 이 또한 100여 년 이상 설왕설래했던 여러 논의를 정리한다는 성격이 있었다. 협동조합의 가치 문제를 본격적으로 다룬 보고서는 1992년 총회에서 스웨덴의 저명한 연구자 베크가 제출했던 「변화하는 세계에서 협동조합의 가치」였다. 이 연구가 정리되어 1995년 100주년 총회에서 협동조합의 가치에 대해 다음과 같은 선언을 채택했다.

> 협동조합은 자조自助, 자기 책임, 민주, 평등, 형평성, 그리고 연대의 가치를 기반으로 하며, 조합원은 협동조합 선구자들의 전통에 따라 정직, 공개, 사회적 책임, 타인에 대한 배려 등의 윤리적 가치를 신조로 한다.

'자조'는 모든 사람이 자신의 운명을 스스로 개척할 수 있고 또 그렇게 노력해야 한다는 믿음에 바탕을 두고 있다. 협동조합은 개인의 노력에 한계가 따른다는 점을 인정하고, 그렇기 때문에 공동행동과 상호 책임을 통해 이루어져야 한다는 믿음에 근거해 있다. '자기 책임'은 협동조합이 공적 사적 조직들로부터 독립적이며, 조합원들만 그 책임을 진다는 의미이다. '민주', '평등'의 가치는 협동조합의 100여 년 역사에서 언제나 강조되어온 가장 기본적 가치이며, '형평성'은 조합원들 간의 분배와 보상의 공정성에 주목하는 것이다.

'연대'의 가치는 개별 협동조합이 해결할 수 없는 것도 조합원들 간의 연대와 상호 책임, 그리고 국제적인 연대로 해결이 가능하다는 것을 가정한다. 그런데 개별 협동조합이 자신의 한계를 극복하고자 정부로부터 보조를 받고 이로 인해 결국 정부의 간섭을 받게 되는 것은 올바른 해결 방식이 아니라는 점을 분명히 해야 한다. 1995년 협동조합의 원칙에 대한 선언에서 이 부분이 특별히 강조되었는데, 이는 개발도상국 협동조합들의 정부 의존성에 대한 비판 여론이 높아지고 협동조합운동 일반이 매도되는 사태에 대응하기 위해서였다.

로치데일 소비자협동조합은 물건의 양을 속이지 않고 좋은 품질과 공정한 가격정책을 폈기 때문에 당시 시장에서 뚜렷한 성과를 낼 수 있었다. 노동자 생산협동조합의 경영은 투명하게 공개되는 것을 원칙으로 하고 있으며, 신용협동조합운동과 농업협동조합운동에서도 '정직'과 '공개'의 가치는 기본 정신으로 자리를 잡고 있다. 신용협동조합에서 대출에 관한 심사는 매우 정직하게 이루어져야 한다. 또한 협동조합에서 판매하는 농산물은 우수한 제품으로 채워놓지 않으면 안 된다. 1980년에 발표된 레이드로 보고서 이후 협동조합이 지역사회에서 신망을 얻고 신뢰 속에서 성장하기 위해 가장 심도 있게 고민해온 것은 다름 아닌 '사회적 책임'이었다.

어찌 보면 금과옥조의 잠언처럼 느껴지는 이러한 협동조합의 가치에 대한 선언은 부패하거나 매너리즘에 빠질 수 있는 협동조합 경영자들과 조합원들을 향해 발언하는 것 이상의 의미를 지니고 있다. 이는 협동조합 외부 사람들에게 당신들도 이러한 가치를 기반으로 당신들의 사업을 꾸려나갈 수 있는지 묻는 공격적인 질문이기도 하다.

국제협동조합연맹이 선언한 협동조합의 7대 원칙

1995년 협동조합의 7대 원칙이 발표되기 전, 국제협동조합연맹은 1937년 파리 총회에서 7개의 원칙을 발표하고 이후 1966년 빈 총회에서 이를 수정한 6개의 원칙을 발표한 적이 있었다. 따라서 1995년의 7대 원칙은 100여 년 국제협동조합연맹 역사에서 세 번째로 발표된 원칙이다.

1895년 국제협동조합연맹이 설립된 이후 40여 년 만에 협동조합이라면 최소한 다음의 원칙을 지켜야 한다고 밝혔는데, 이는 연맹에 가입하기 위한 최소 조건과 같은 성격이었다. 1937년 발표된 이 원칙은 대부분 로치데일 소비자협동조합의 경험을 통해 나온 것이었다.

(1) 조합원 개방주의 : 가입과 탈퇴의 자유

(2) 민주적 운영 : 1인 1표

(3) 이용고 배당

(4) 출자에 대한 배당 제한

(5) 정치적 종교적 중립

(6) 현금 거래

(7) 교육 촉진

1960년대 초반, 소련에서 스탈린이 죽은 뒤 흐루시초프 체제로 바뀐 상황에서 협동농장들과 협동상점들이 국제협동조합연맹에 가입했다. 그리고 이즈음 세계경제에서 다국적기업과 초국적 금융자본이 활갯짓을 시작했다. 1966년 개최된 국제협동조합연맹 총회는 이런 상황을 감안하여 기존의 원칙을 다음과 같이 개정했다.

(1) 조합원 개방주의 : 가입과 탈퇴의 자유

(2) 민주적 운영 : 1인 1표

(3) 출자에 대한 배당 제한

(4) 잉여금에 대한 적절한 처분

(5) 교육 촉진

(6) 협동조합 간의 협동

이러한 원칙의 개정 과정을 보면 1937년부터 1966년까지 30년간 협동조합운동에서 어떤 변화가 있었는지 짐작해볼 수 있다.

먼저 '조합원 개방주의', '민주적 운영', '교육 촉진'의 세 개 원칙은 1995년의 개정에서도 살아남은 원칙이다. 이는 아마도 협동조합운동이 지속되는 한 변화되지 않을 것이라 확신한다.

1937년 '출자에 대한 배당 제한'의 원칙은 1966년 단독 조항으로 유지되었으나 1995년 개정에서는 '조합원의 경제적 참여'라는 조항으로 합치되었다. 1937년, 그리고 1966년에도 그 원칙을 세운 것은 조합원들이 조합 활동은 거의 하지 않은 채 은행 금리 이상의 배당을 받으려고 출자만 하는 형태의 참여를 원칙적으로 막기 위한 목적이 있었던 것으로 보인다. 현재도 이 원칙은 유지되고 있다.

1937년의 '이용고 배당' 원칙은 1966년에 '잉여금에 대한 적절한 처분'으로 바뀌었다. 이는 '이용고 배당'이 소비자협동조합에서는 일반적으로 타당한 원칙이지만 노동자협동조합이나 여타의 서비스협동조합에서는 별로 의미가 없다는 실제 경험에 근거했다.

1937년의 '정치적 종교적 중립'의 원칙은 1966년에 삭제되었다. 소련의 협동조합들은 그 핵심 조합원이나 경영자가 공산당에 소속되어 있었고, 유럽에서도 노동당이나 사회민주당, 보수당들이 협동조합운동에 적극 개입하기 시작했기 때문에 이 원칙이 유지되기는 힘들었던 것으로 보인다.

'현금 거래'는 로치데일 소비자협동조합이 고수했던 원칙이었다. 로치데일 조합원들은 이전의 협동상점들이 잦은 외상 거래로 인해 심한 다툼을 벌이고 결국 문을 닫기까지 하는 상황을 경계하는 차원에서 이 원칙을 굳게 지키려 했다. 이에 따라 협동상점들의 재정 상태는 건실해졌지만, 1960년대 이후 신용거래 제도가 일반화되면서 이 원칙은 더 이상 유지되기 힘들었다. 소비자협동조합들이 공장에서 상품을 받아올 때마다 어떻게 항상 전액 현금 결재를 할 수 있겠는가?

1966년 개정에서 추가된 '협동조합 간의 협동' 원칙은 시간이 갈수록 더욱 중요해졌다. 다국적기업들과의 시장경쟁에서 살아남기 위해 협동조합들은 국내뿐 아니라 국제적으로도 연대하지 않으면 안 되었다. 이 원칙은 1995년 개정에서도 삭제되지 않고 그대로 유지되었다.

이제 1995년에 발표된 7대 원칙을 하나씩 살펴보도록 하자.

제1원칙: 자발적이고 개방적인 조합원 제도

> 협동조합은 자발적 조직으로 성(性)적, 사회적, 인종적, 정치적, 종교적 차별을 두지 않고 협동조합의 서비스를 이용할 수 있으며, 조합원으로서 책임을 다하는 모든 사람에게 개방된다.

제1원칙은 협동조합의 철학적 입장을 가장 잘 표현하고 있다. 협동조합은 먼저 모든 개인의 존엄성을 인정한다. 1800년대에 협동조합운동이 시작되었다는 점을 돌이켜보면 여전히 현재도 인종적, 정치적, 종교적 갈등이 끊이지 않는다는 사실과 대비되면서 더욱 부각되는 원칙이다. 협동조합은 모든 사람에게 문호를 개방하는 것을 원칙으로 한다. 신용협동조합은 교회나 종교 단체가 주도하는 경우가 많이 있지만, 연합 단계의 조직에서는 목사와 신부, 스님들이 하나의 조직으로 편제된다.

하지만 모든 사람이 아무런 조건 없이 협동조합의 조합원이 될 수 있는 것은 아니다. 즉 '조합원으로서 책임'을 다할 때만 조합원이 될 수 있다. 수산업협동조합에 농민이 가입하는 것은 무의미하며, 노동자협동조합들은 대부분 치열한 입사시험을 통과하여 회사나 공장에 들어간 뒤에야 가입할 수 있다.

제2원칙: 조합원에 의한 민주적 관리

협동조합은 조합원에 의해 관리되는 민주적 조직으로, 조합원은 정책 수립과 의사결정에 적극적으로 참여한다. 선출된 임원은 조합원에게 책임을 지고 봉사한다. 단위 조합에서 조합원은 동등한 투표권을 가지며(1인 1표), 연합 단계의 협동조합도 민주적인 방식으로 조직된다.

협동조합은 오랫동안 '민주주의의 학교' 역할을 해왔다. 유럽에서조차 1차 세계대전 이전까지 여성이 남성처럼 동등한 한 표의 권리를 행사할 수 있었던 곳은 혁명적 노동조합과 협동조합뿐이었다. 혁명적 노동조합의 여성 노동자 수가 얼마 되지 않았던 것을 떠올리면 협동조합이 여성 투표권을 가장 먼저 대중적으로 보장한 곳이라고 보아도 틀리지 않을 것이다. 한국의 경우 1970년대 후반 긴급조치의 시대에 모든 곳 — 심지어 학교의 반장 선출에서조차 — 에서 투표 자체가 금지되었을 때 유일하게 투표 행위가 이루어진 곳은 신용협동조합의 총회뿐이었다. 협동조합은 조합원들이 자발적으로 조직한 단체이므로 이들의 투표 행위 없이는 어떤 일도 진행되기 힘들었기 때문이다. 따라서 협동조합에는 '문을 닫거나 투표하거나' 둘 중 하나 이외에는 선택지가 존재하지 않는다.

조합원들의 '1인 1표' 투표권 행사는 주식회사의 '1주 1표' 투표권 행사와 가장 극명하게 대비되는 원칙이다. 주식회사의 경영권을 획득하기 위해서는 돈이 많으면 되지만, 협동조합에서 경영권을 갖기 위해서는 조합원들의 신망을 얻지 않으면 안 된다.

단위 협동조합에서는 이 원칙이 매우 명확한 데 비해 연합조직에서 이것은 아직도 논란거리로 남아 있다. 상당수의 협동조합 연합조직이 이해관계의 다양성, 회원 조합의 규모, 조합의 사업 실적을 반영하는 비례투표 제도를 채택하고 있다. 이에 따라 작은 조합과 큰 조합의 투표권이 동등하게 주어지지 않는 경우가 이따금 있다.

제3원칙: 조합원의 경제적 참여

조합원은 협동조합의 자본 조달에 공정하게 참여하며 자본을 민주적으로 관리한다. 최소한 자본금의 일부는 조합의 공동재산으로 한다. 출자 배당이 있을 경우에 조합원은 출자액에 따라 제한된 배당금을 받는다.
조합원은 다음과 같은 목적의 일부 또는 전체를 위하여 잉여금을 배분한다.
① 잉여금의 일부는 배당하지 않고 유보금을 적립하는 식으로 협동조합의 발전을 위해 사용한다.
② 조합원의 사업 이용 실적에 비례해서 편익 제공을 위해 사용한다.
③ 조합원의 동의를 얻은 여러 활동을 위해 사용한다.

충분히 짐작했겠지만 협동조합에서 자본은 주인이 아니라 하인이고, 또 그렇게 되도록 운영해야 한다. 자본금을 댄 주주들의 이익을 위해 노동자들이 통제되는 것이 아니라 조합원들의 이익을 위해 자본이 통제된다. 주식회사 회계에서 자본은 순환운동을 거쳐 확대되고 일정한 기간을 단위로 '이윤'을 창출한다. 하지만 협동조합에서 자본은 조합원들을 위한 서비스에 투자되고 다시 원래의 자리로 돌아오는데, 이때 덧붙여진 돈을 '잉여금'이라 한다. 협동조합 회계에는 '당기순이익'이라는 계정과목이 존재하지 않는다. '남은 돈'으로서 잉여금 계정이 있을 뿐이다. 당기순이익은 주주들에게 배당되거나 적립되지만, 잉여금은 조합원들의 편익을 위해 사용되거나 적립되기도 하고 지역사회에 대한 기여금으로도 쓰인다. 단지, 조합원들의 출자금에 대한 제한적 이자 배당은 비용으로 계산되지만, 그것이 현금으로 배당되는 경우도 있고 원래의 출자금에 덧붙여 유보되는 경우도 있다.

1995년 이후 최근까지 협동조합의 잉여금 쓰임새에서 지역사회에 대한 기여금 비중이 점점 증가하는 추세에 있다. 이는 1980년 '레이드로 보고서' 발표 이후 진행된 협동조합 정체성에 관한 논쟁의 결과물이기도 하다.

제4원칙: 자율과 독립

> 협동조합은 조합원들에 의해 관리되는 자율적이고 자조적인 조직이다. 협동조합이 정부 등 다른 조직과 약정을 맺거나 외부에서 자본을 조달하고자 할 때는 조합원에 의한 민주적 관리가 보장되어야 할 뿐 아니라 협동조합의 자율성이 유지되어야 한다.

사회주의가 해체되기 전 소련이나 중국의 협동농장과 협동상점들은 국가기구의 부속 단체로 역할해온 것이 사실이다. 그리고 수많은 개발도상국에서 협동조합은 개발기구의 성격을 갖고 있으며 정부의 통제 아래 놓여 있었다. 한국의 경우에도 조합원에 의한 단위 농업협동조합의 조합장 선거와 단위 농업협동조합 조합장에 의한 중앙회장의 선거는 1988년 이후에야 가능했다. 그 이전만 하더라도 농림부 장관이 농협중앙회장을 임명했고, 농협중앙회장이 단위 조합장을 지명했다. 이름만 농업협동조합을 달고 있을 뿐, 실상 그 운영은 농업공사나 다를 바 없었다. 축산업협동조합이나 수산업협동조합의 상황도 이와 크게 다르지 않았다. 한국에서는 농업협동조합이 농업보조금에 대한 정부 대리 집행기관의 역할을 하고 있기 때문에 지금도 피감기관으로서 국정감사의 대상이다.

제4원칙은 1937년과 1966년 국제협동조합연맹 총회에서 협동조합 원칙을 제·개정 할 때 한 번도 언급되지 않았던 신설 조항이다. 이 원칙은 해체된 사회주의국가의 협동조합들과 개발도상국 협동조합들의 처지를 감안하여 만들어진 것이기는 하지만, 한편으로는 협동조합이 사기업과의 합작·협력사업을 확대하고 정부와 새로운 협력 관계를 맺는 등 그 활동이 다양해진 것과도 깊은 관련이 있다. 한마디로 '다양한 활동은 적극적으로 벌이되 협동조합의 자주성과 원칙을 항상 유념하라'는 메시지로 이해될 수 있을 것이다.

제5원칙: 교육, 훈련 및 정보의 제공

협동조합은 조합원, 선출된 임원, 경영자, 직원 들이 협동조합의 발전에 효과적으로 기여하도록 교육과 훈련을 제공한다. 협동조합은 일반 대중, 특히 젊은 세대와 여론 주도층에게 협동의 본질과 장점에 대한 정보를 제공한다.

1800년대 중반 로치데일 소비자협동조합이 출범한 이래 1900년대 전반기까지 유럽의 문맹률은 50%를 넘었다. 이러한 상황은 협동조합에 크나큰 제약이었다. 조합의 규모가 커질수록 협동조합 경영자들이 1년 단위의 경영 성과를 모든 조합원에게 전달하는 것이 점점 어려워졌기 때문이다. 조합원들을 다 모아놓고 이야기할 수 있는 넓은 장소가 부족하므로 문서를 돌리는 것이 효과적일 텐데, 조합원들이 글을 읽지 못한다면 어찌할 방법이 없다.

협동조합에서 교육의 원칙을 세운 것은 1인 1표 원칙을 세운 것과 마찬가지로 협동조합의 사활이 걸린 중요한 문제였다. 일단 조합원들이 읽고 쓸 수 있도록 공부시켜야 했다. 협동조합 사무실 여기저기서 야학이 열렸다. 보통 교육 제도의 도입과 함께 유럽의 문맹률을 낮추는 데 기여한 성인교육기관은 아마 협동조합이었을 것이다.

현대에 와서도, 아니 미래에도 협동조합은 교육과 떼어놓을 수 없을 것이다. 협동조합 경영진이 아무리 참신한 아이디어를 내놓아도 조합원들이 이해하지 못한다면 그것은 실행될 수 없다. 따라서 조합원들에 대한 교육은 협동조합의 성패를 결정짓는 가장 중요한 원칙이라고 할 수 있다. 이른바 '문을 닫거나 조합원을 교육하거나'라고 표현해도 과언이 아닐 게다.

제6원칙: 협동조합 간의 협동

> 협동조합은 지역 및 전국, 그리고 인접 국가 간 또는 국제적으로 함께 일함으로써 조합원에게 가장 효과적으로 봉사하고 협동조합운동을 강화한다.

이 원칙은 1960년대 이후, 특히 1990년대 이후 신자유주의에 입각한 세계화의 급진전과 더불어 더욱더 주목받고 있다. 개별 민족국가들이 경제에 대한 통제력을 거의 상실해갈 무렵 협동조합도 다국적 금융자본과 다국적기업의 상품들을 시장에서 민낯으로 맞닥뜨려야 했다. '협동조합 간의 협동' 원칙은 예전에는 협동조합이 발전하기 위해 중요했지만, 지금 그리고 앞으로는 협동조합의 존립을 위해 더욱 필요한 원칙이 되어가고 있다.

협동조합은 자신의 정체성을 유지하고 강화하는 과정에서 '다국적 협동조합 기업'으로 성장하는 전략을 채택해야 할지도 모른다. 그렇게 될 경우 몬드라곤의 사례는 이 원칙의 중요성과 함께 주목받을 것이다.

제7원칙: 지역사회에 대한 기여

협동조합은 조합원의 동의를 얻은 정책을 통하여 지역사회의 지속 가능한 발전을 위해 노력한다.

1980년 이전까지, 즉 레이드로 박사의 보고서가 제출되기 이전까지 협동조합운동가와 연구자들은 협동조합이 조합원들의 이익에만 복무하면 그만이라는 생각을 강하게 갖고 있었다. 하지만 협동조합 조합원들은 비조합원들과 함께 지역사회에 소속되어 있고 협동조합이 지역사회에서 신망을 얻고 지속적인 발전을 하려면 지역사회 문제 일반으로 자신의 문제의식을 확대하지 않으면 안 된다는 것을 깨달았다. 협동조합 내에서만 자족할 경우에 지역사회에서 고립될 것은 자명했다. 이때의 지역사회는 단순히 지방을 뜻하는 개념이 아니다. 그것은 지방, 국가공동체, 나아가 지구 전체를 모두 포함하는 개념이다.

물론 지역사회에 어느 정도, 어떤 방식으로 기여할 것인지의 문제는 조합원들의 결정에 달려 있다. 그러나 이것이 조합원들에게 주어진 책임을 외면해도 된다는 것을 의미하지는 않는다. 한국에서도 이미 생활협동조합운동이 지역사회의 여러 가지 문제를 해결하기 위해 발 벗고 나선지 오래되었다. 이들은 공정무역운동, 한미 자유무역협정 반대운동, 그리고 지역의 크고 작은 공동체운동들에 관여하고 있으며, 환경문제에 대해서는 가장 원칙적인 입장을 견지하는 세력으로 인정받고 있다.

09
몬드라곤의 협동조합 문화와 협동조합 원칙

몬드라곤의 협동조합 문화

기업의 문화는 그 회사의 전체적인 모습을 규정한다. 기업문화는 그 회사가 경영상의 문제에 대응하는 방식뿐 아니라 내외의 모든 변화에 대응하는 방식을 포괄한다. 그것은 집단적인 신념과 경향의 형태로 내재화되고, 사고방식이나 행위의 일관된 방식으로 새로운 구성원들에게 전이되고 학습된다. 또한 기업이 지닌 기본 신념은 회사의 지도력을 행사하는 과정에서 동일한 목표를 규정하기도 하고 여러 가지 도전을 해결해나갈 수 있는 내적 메커니즘을 발전시킨다. 몬드라곤에서 이것은 그 어떤 기업보다 중요한 문제이다.
  몬드라곤 사람들은 자신의 기업문화를 설명하는 틀을 마련해두고 있다. 그들이 이야기하는 순서에 따라 하나씩 추적해보도록 하자. 먼저 몬드라곤의 10대 원칙이 있다. 몬드라곤의 10대 원칙은 1987년 몬드라곤 제1차 의회에서 승인된 것인데, 그들이 밝힌 이 원칙은 국제협동조합연맹의 협동조합 원칙과 호세 마리아 아리스멘디아리에타 신부의 사상적 전통을 이어받은 것이다. 그 다음으로 몬드라곤은 기업의 목표와 사명, 가치를 다른 범주로 두어 설명한다. 여기에는 몬드라곤이 활동해온 55년간 자신의 정체성과 원칙을 유지하는 가운데 끊임없이 유연하게 변화시키고 있는 그들의 고민이 함축되어 있다.

우선 호세 마리아 신부의 육성을 들어보자. 몬드라곤 사람들이 계승하고자 하는 사상적 전통과 태도가 가장 압축적으로 표현되어 있다.

> 협동조합의 노동자는 영광에 찬 노동자 세상에서 이탈자가 되어서는 안 된다. 오늘날 노동자들은 경제사회적으로 해방된 조건에서 일할 기회를 갖고 있지 못하기 때문에 협동조합 노동자들이 새로운 부자 혹은 노동자 특권층이 되거나 그렇게 처신해서는 안 된다. 협동조합운동이 단지 좀 더 나은 복지로써 또 다른 소수 계층을 만들어낼 뿐이라는 잘못된 견해가 있을 수 있다. 말하자면 부르주아 사회에 있는 소수 특권계층에 몇몇을 덧붙일 뿐이라는 견해다. 이 지점에서 우리에게는 다른 노동자들과의 연대라는 임무가 주어진다. 우리에게 책임과 연대는 나누어 생각할 수 없는 것이다.

> 이 실험은 인간 자신과 인간의 능력에 대한 신뢰의 기풍을 받아들인다. 이로써 해방, 존엄, 정의의 의미가 이 땅의 민주적인 기관들에 스며들어 그 의미를 되살려낼 것이다. 우리의 특성 가운데 하나는 실천이다. 이때의 실천은 이상을 포기하지 않으면서도 가능한 범위 안에서 활동할 줄 아는 것을 뜻한다. (…) 우리가 확신하고 바라는 것은 사려보다는 행동, 소유보다는 존재, 지배보다는 진보해가는 민중의 정신을 이해하고 공동이익을 추구하면서 노동을 통해 자기실현을 보장하는 다양한 활동을 해나가는 것이다.

몬드라곤의 10대 원칙

이제 몬드라곤의 10대 원칙을 하나씩 살펴보자. 여기에서 특별한 언급 없이 인용한 글은 모두 호세 마리아 아리스멘디아리에타 신부의 글이다.

제1원칙: 자유로운 가입(Open Admission)

'몬드라곤'은 기본 원칙들을 수용하고 우리가 만들어낸 일자리에 직무상으로 적합하다는 것을 증명하기만 하면 모든 사람에게 개방되어 있다. 그러므로 어떤 경우에도 종교, 정치, 인종이나 성적인 이유로 차별할 수 없다. 제한을 둘 때는 오직 협동조합의 실질적 필요와 기업의 요구사항이 있을 때이고, 이는 일정한 견습 기간 이후에 보고된 내용을 고려하여 설정될 뿐이다.

몬드라곤은 이 원칙을 유지하는 데 매우 엄정한 태도를 견지한다. 고용 창출을 지속해가기 위해 매우 중요한 원칙이기 때문이다. 덧붙여 말하자면 고용 창출은 새로운 조합원의 자유로운 가입을 전제로 하는 것이고, 또한 이들의 성공적인 기업 활동을 통해 추가로 고용 창출이 이루어지기 때문이다. 모든 단위 협동조합의 정관에는 이 원칙이 명시되어 있다.

노동인민금고에도 이 원칙은 동일하게 적용되고 있다. 노동인민금고는 조직의 성격상 개인 조합원뿐 아니라 법인 조합원으로도 구성되지만, 특히 개인 조합원의 가입이 매우 중요하다. 노동인민금고가 신용협동조합의 성격을 갖고 있다는 점이 여기에서 드러난다.

에로스키 소비자협동조합도 소비자 조합원들의 자유로운 가입이 정관에 명시되어 있다. 소비자협동조합은 조합원이 많을수록 잠재적 판매 역량이 증가하기 때문에 가입 출자금 액수를 줄여 참여장벽을 없애는 방식으로 적용된다.

그러나 제조업협동조합의 경우에는 사정이 다소 달라질 수 있다. 여기서는 생산성과 조직의 특수성이 감안되는 것이다. 조합원의 양적 측면은 생산성 및 수익성과 언제나 양립하는 것은 아니다. 인건비가 비용에서 큰 부분을 차지하는 항목이기 때문이다. 그러나 조합원의 질적 측면에서는 분명한 선택이 이루어진다. 즉 신규 조합원을 뽑을 때는 가장 적합한 인물을 뽑을 수밖에 없다. 그래야 조직이 발전하고 창조적으로 성장할 수 있기 때문이다. 뽑힌 조합원 대상자는 일정 기간의 견습 과정을 거쳐 조합원으로 등록되는데, 이때 조합에 내야 할 초기 출자금은 노동인민금고에서 빌려준다.

이 원칙은 국제협동조합연맹의 원칙과 거의 궤를 같이한다. 자신을 협동조합이라고 생각하는 모든 기업은 이 원칙을 가장 먼저 밝혀야 한다.

제2원칙: 민주적 조직(Democratic Organization)

노동자 조합원의 평등에 기초하는 조직으로서, 회사는 다음과 같은 내용을 갖는 민주적 조직체로서 규정된다.
- 총회의 주권: 총회는 모든 조합원으로 구성되며 '1인 1표'의 원칙 아래 운영된다.
- 경영조직의 민주적 선출: 경영조직은 특히 경영을 책임지는 이사회를 말한다.
- 공동작업: 전체 조합원의 대표를 통해 회사를 경영하도록 위임된 경영조직과의 공동작업을 의미한다.
일상적인 활동에 대해서는 권한의 위임이 있다. 그래서 이사회의 선출, 4년 주기의 재선출(2년마다 절반의 인원을 재선출한다)과 임명이 중요하다. 최고 경영진인 이사회는 회사의 경제적 성과와 전략에 관련된 상당 부분을 위임받는다. 그러나 최종 의사결정권과 통제력은 총회에 있다는 사실을 항상 기억해야 한다.

민주적 조직의 원칙은 기업 경영의 효율성을 최대한 높이는 데서도 역동적인 역할을 한다. 몬드라곤 사람들은 한두 차례 실패할 수는 있어도 지속적으로 경영진을 선출하다 보면 협동조합 경영에 가장 적합한 사람을 뽑을 수 있다고 확신하고 있다. 이는 오랜 경험에서 우러나온 것이다.

1인 1표의 원칙은 몬드라곤의 초기 10년 동안은 지켜지지 않았다. 그 10년 동안 주요 선구적 조합원과 일반 노동자 조합원의 투표권은 최대 3 : 1까지 벌어진 적이 있었다. 하지만 이후 각 조합원들의 납입자본금 액수와 직무, 회사에 대한 기여도와 근속 연수에 관계없이 1인 1표의 원칙이 정착되었다.

> 민주주의는 고귀하게 채택될 때 자기 자신을 훈련으로, 책임으로, 연대에 대
> 한 신뢰로 이끈다. 최종적으로는 진정한 사회 진보로 나아가게 한다.

이 원칙에 기반하여 조합원의 침범할 수 없는 권리가 확정된다. 그것은 첫째 조합 경영진의 선출권과 피선출권, 둘째 각 상부기구에 참여하기 위한 대표 선출권과 피선출권, 셋째 총회에서 안건 제안권과 투표권, 넷째 모든 정보에 대한 접근권이다.

제조업 부문의 단위 협동조합에서 이러한 원칙을 실행하는 것은 매우 단순하고 명확하다. 하지만 노동인민금고나 에로스키 소비자협동조합, 그리고 협동조합 방식으로 조직된 교육기관 같은 곳에서는 이 문제가 다소 복잡한 양상을 띤다. 이것이야말로 몬드라곤이 다른 협동조합들과 구별되는 큰 특징이기는 하지만, 이 복잡성은 오랜 시간이 지나자 누그러질 수 있었다.

일반적인 신용협동조합에서는 그 조합원들에게만 투표권이 주어지지만(거기에서 일하는 노동자들은 피고용인일 뿐이다), 몬드라곤의 노동인민금고는 그곳에서 일하는 노동자들도 조합원으로서 총회 투표권을 갖는다. 신용조합 조합원과 노동자 조합원의 투표권 비율은 3 : 1이다. 노동인민금고의 신용조합원은 돈을 빌려 쓰는 사람이고 노동자는 그곳에서 일을 하는 사람이기 때문에, 결과적으로 돈을 빌리는 사람에게 더 많은 투표권을 주고 있는 것이다. 이러한

비율 배분은 몬드라곤이 오랫동안 경험을 통해 축적한 산물로 정착된 원칙이다. 에로스키 소비자협동조합의 경우에는 소비자 조합원과 거기에서 일하는 노동자 조합원의 투표권이 5 : 5로 규정되어 있다. 이 역시 오랜 기간 힘의 균형을 겪으면서 정착되었다. 학교의 경우에도 학생, 학부모 조합원, 교사, 노동자의 투표권이 일정하게 나뉘어 있다.

신용협동조합이나 소비자협동조합의 일반 원칙에 비춰보면 몬드라곤의 노동인민금고와 에로스키 소비자협동조합은 매우 특이한 사례이다. 협동조합 연구자들은 이 두 기관을 '노동자생산협동조합의 성격을 강하게 갖는' 신용협동조합, 소비자협동조합으로 이해하고 있다. 이렇게 운영되는 사례는 세계 어디에서도 발견하기 힘들다.

보통의 신용협동조합이나 소비자협동조합에서는 그곳에서 일하는 노동자들이 피고용인으로서 노동조합을 구성하여 신용조합 조합원의 대표나 소비자 조합원의 대표와 단체협상을 진행한다. 우리나라의 농협협동조합, 신용협동조합, 생활협동조합 등도 사정이 이와 다르지 않다.

제3원칙: 노동자 주권(The Sovereignty of Labour)

몬드라곤에서는 노동이 자연과 사회, 인간을 개조하는 주요 요소임을 인식한다. 따라서 노동자는 협동조합 기업을 조직하는 데 완전한 주권을 행사하며, 창출된 부는 제공한 노동에 따라 분배된다. 여기에는 새로운 일자리 창출에 대한 확고한 결의가 있다.

몬드라곤에서 창출된 부는 노동에 비례하여 조합원들에게 나눠지며, 자본의 지분에 따라 분배되지 않는다. 몬드라곤의 임금정책은 연대 원리에서 영감을 얻은 것인데, 연대에 기초해 노동에 충분한 보수를 주자는 것이다.

몬드라곤에서 노동자에게 지급하는 보수는 두 가지 기본 요소로 구성되는

데, 그것은 이른바 선지급금과 배당금이다.

• **선지급금** 고정 급여로 매달 지불된다. 선지급금은 각 조합원의 직무 성과와 연계되므로 지위구조와 직접적으로 연결되어 있다. 선지급금은 보통의 월급을 의미한다. 이를 선지급금이라고 이름 붙인 것은 노동자 조합원의 월급이 일반적인 의미의 임금이 아니라 연말정산을 한 뒤 잉여금에서 분배되어야 하는 것을 먼저 지급했다는 의미를 담고 있기 때문이다.

• **협동조합 배당금** 해당 연도에 협동조합이 획득한 수입(배당)이나 손실(마이너스 배당)에서 각 조합원이 차지하는 몫이다. 순수입(잉여금)의 최소 30%부터 최대 70% 사이에서 배당으로 분배되는데, 협동조합의 재정 상황에 따라 다르다. 매년 나오는 배당액은 각 조합원의 개인별 자본구좌에 축적된다. 손실이 난 경우에는 조합원의 개별 자본구좌에서 그만큼 차감된다. 이 배당금은 조합원들이 조합을 떠날 때만(이직이나 정년퇴직) 현금으로 지급된다.

몬드라곤의 노동자 조합원은 위와 같은 두 가지 형태의 보상과 함께 출자금에 대해 시중금리보다 높은 이자를 받는다. 이자 또한 조합원의 개인별 자본구좌에 고스란히 쌓인다. 그리고 퇴직이나 휴직할 때는 사회보장협동조합 라군-아로에서 연금을 받는다. 이것은 보통의 기업에서 퇴직할 때 지급되는 연금과 동일하다. 따라서 조합원들이 매달 받는 선지급금은 미래를 위해 저축할 필요 없이 전액 생활비로 쓰더라도 나중에 큰 문제가 없다. 몬드라곤 주민의 실소득이 스페인의 어느 지역 주민보다 월등히 높은 이유는 바로 여기에 있다.

이 원칙은 모든 종류의 협동조합을 포괄하는 원칙을 만들어야 했던 국제협동조합연맹의 원칙에서는 찾아볼 수 없다. 몬드라곤이 노동자생산협동조합의 성격을 강하게 띠고 있기 때문에 이 원칙이 만들어진 것이다.

제4원칙: 자본의 도구적·종속적 성격(Instrumental and Subordinate Nature of Capital)

몬드라곤의 경험에서 자본은 기업 발전에 필요한 요소로서, 노동의 수단이며 노동에 종속된 것으로 간주된다. 그러므로 그것은 창출된 수익 전체에 직접적으로 연결되지는 않더라도 그것을 저축하는 데 기울인 노력에 비춰 정당한 보상을 받아야 할 가치가 있는 것으로 이해될 뿐이다. 일반적으로 협동조합의 출자금에 대해서는 매년 이자가 발생한다. 이자율은 연간 최대 7.5%의 이자율과 전년도 소비자물가지수 증가분의 최대 70%를 반영한 '인플레이션 교정 이자율'의 합으로 구성된다. 어떠한 경우에도 그 합이 11%를 초과할 수 없다.

몬드라곤의 원칙 중 가장 공격적이고 특이한 원칙이다. 1995년 채택된 국제협동조합연맹의 제3원칙에 대한 해설에서 "자본은 주인이 아니라 하인이다"라는 문장을 본 일이 있다. 자본에 대한 이러한 성격 규정은 협동조합주의자들이 갖는 일반적인 태도라고 할 수 있다. 그들에게 자본이란 어떠한 목적에 봉사하는 것이고 수단이지, 그것 자체로 독립적인 의미를 가진 것으로 대접받아서는 안 된다. 특히 노동자생산협동조합의 전형인 몬드라곤에서 이는 훨씬 분명한 형태로 언급된다.

하지만 현실의 문제는 이보다 더 구체적이고 복잡하다. 어떠한 협동조합도 출자금에 대한 이자 배당에서 자유롭지 못하다. 몬드라곤의 계산 방식은 매우 복잡하다. 몬드라곤 초기에는 이자 계산을 위해 네 가지 가수加數 개념을 도입했다. 첫째, 기본 이자이다. 이것은 4.5%로 계산된다. 둘째, 위험 이자이다. 이는 투자 위험에 대한 보상의 성격을 갖고 있으며, 1년에 1.5%로 고정된다. 셋째, 보상 이자이다. 이는 앞의 두 개, 즉 기본 이자와 위험 이자의 합계인 6.0%에 해당 연도의 협동조합 전체 실적을 반영하여 20~80%가 추가된다. 넷째, 인플레이션 교정 이자이다. 화폐가치 감소를 바로잡기 위한 것인데, 소비자물가 증가분에 연동된다. 그러나 스페인에서 1987년 발효된 법률 이후 최대치는 11%를 넘을 수 없게 되어 있다.

이러한 사정들을 종합하여 몬드라곤은 1987년 제1차 의회에서 '자본금 처리에 따른 이자율 결정'을 다음과 같이 채택했다. ① 연리 최대 7.5%의 기본 이자, ② 인플레이션 교정 이자, ③ 두 개의 가수에서 최대 한계는 11%의 법적 한도를 넘지 못한다. 이에 따라 출자금의 주인이 모두 노동자 조합원이기는 하지만, 자본에 대한 이자 지급은 명백히 제한되었다. 어찌 보면 이는 1937년, 1966년 원칙 중 '출자금에 대한 배당 제한'의 원칙과 유사하다.

제5원칙: 참여형 경영(Participatory Management)

이 원칙은 자주 관리, 즉 경영에 대한 조합원의 참여를 점진적으로 발전시켜나가는 것을 의미한다. 이를 위해 다음의 사항이 필요하다.
* 경영 참여를 위한 적절한 장치와 통로의 개발
* 협동조합의 경영 변동 사항에 대한 투명한 정보
* 노동자 조합원에게 영향을 미치는 경제, 조직, 작업의 결정 과정에서 조합원 및 그들의 대표자와 토의하고 협력
* 사회적 훈련 및 직업 훈련 계획의 체계적 적용
* 더욱 큰 직무 수행을 위한 내부 훈련 계획의 수립

몬드라곤이 채택하고 있는 이 원칙은 노동자들에게 권한뿐 아니라 책임을 강조하는 것으로 이해해야 한다. 이와 관련하여 호세 마리아 신부는 다음과 같이 언급했다.

협동은 사람들을 하나의 집단 노동으로 모으지만, 각자에게 책임을 부여하기도 한다. 개인의 발전은 나머지에게 맞서서 이뤄지는 것이 아니라, 나머지 사람들과 더불어 이뤄나가는 것이다.

협동조합은 기업의 운영에서 동등한 권리를 갖는 개인들의 집단이다. 하지만 조합원들 사이에 이해의 정도가 다르고 전문 지식의 차이가 존재한다. 이러한 상황을 극복해감으로써 가능성을 높이는 것이 중요하다. 경쟁 시장에서 빠르게 결정을 내려야 할 때가 있는데, 이때는 임원으로 선출된 조합원들에게 권력이 집중될 수밖에 없다. 그럼에도 불구하고 조합원들은 회사 경영에 대한 자신의 기준을 실현하고자 하는 포부를 잊어서는 안 된다. 따라서 경영자들은 다양한 조합원들의 의견을 조정하는 곤란한 임무를 언제든 안고 있게 되는 것이다.

조합원들은 총회에서 이사들을 선출하고 회계감사인과 손해청산인을 임명하거나 파면한다. 또한 전반적인 조합 경영을 심사하고 검열할 책임을 진다. 수지결산을 승인하고 잉여금의 분배 방식을 결정하며, 조합의 일반적인 정책을 수립하고 의결하며, 타 조합과 합병할 때 새로운 조합원들의 출자금을 결정한다. 이뿐 아니라 협동조합의 운영과 해산, 청산까지 포함한 모든 문제의 결정에 참여해야 한다. 특히 1년 단위의 총회에서 조합원들은 '연간 경영계획' 과 '장기적 발전 전략계획'을 심의하고 승인한다.

총회에서 선출된 이사들로 구성된 이사회는 총회가 승인한 정책과 전략을 따라야 한다. 이사회가 갖고 있는 권한은 다음과 같다. 정기 총회와 특별 총회의 개최 요청권, 조합원의 가입 및 퇴출권, 작업 및 훈련 시스템과 조합원 제재에 관한 결정권, 연례 회계 및 잉여의 배분과 손실 할당에 대한 승인권, 그리고 정관 해석상에서 발생할 수 있는 의문점 해결을 위해 총회에 제안할 수 있는 권한 등이다.

조합평의회는 협동조합의 내부 권한에 근거하여 전 조합원을 대표하는 자문기구로 활동한다. 이는 보통의 사기업에서 노동조합의 역할을 하는 기구인데, 몬드라곤에서는 조언, 정보, 협상 및 사회적 통제 등의 기능을 하고 있다.

제6원칙: 급여 연대(Payment Solidarity)

몬드라곤은 연대에 기초하여 충분한 급여를 지급하는 것을 경영의 기본 원칙으로 천명한다. 연대는 기업 수준에서뿐만 아니라 대내외적으로도 추구한다.

- 내부 차원: 연대에 기초한 급여체계의 창출. 여러 해 동안 협동조합에서 최저 자격을 갖춘 노동자 조합원과 최고 경영진의 급여 격차는 1:3이었다. 최근 몬드라곤의 규모가 커지고 조직이 복잡해지면서 경영 활동의 어려움이 증가했고, 이에 따라 최고 보수의 수준을 실제 시장의 수준에 이르도록 높였다. 물론 연대의 원칙에 충실하기 위해 30%의 공제액을 설정했다.
- 외부 차원: 임금이 눈에 띄게 불충분할 경우, 협동조합 조합원들이 받는 급여는 동일 부문 및 지역과의 형평을 고려하여 해당 부문의 임금노동자들이 받는 액수와 동일하게 책정하려고 노력했다.
- 몬드라곤 기업 차원: 급여 및 노동시간에 관한 한 연대에 기초하여 체계를 확립했다. 협동조합 간 격차를 없애기 위해 급여 수준은 기업 전체 차원에서 90~110% 사이가 되어야만 한다. 또 협동조합들의 연간 노동시간은 97~103%가 되어야 한다.

몬드라곤은 260여 개의 기업으로 이루어진 기업 집단이다. 노동자들은 조합원 노동자, 비조합원 노동자, 기간제 조합원 노동자, 하청 노동자의 네 부류로 나뉘지만, 해외 노동자를 제외하고 스페인 안에서 이들에 대한 보수는 '동일노동 동일임금' 원칙에 기반한 강고한 급여 연대를 특징으로 한다.

급여 정책에서 몬드라곤 노동자들의 초기 급여 격차는 1:3을 넘지 못했다. 1990년대 이후 이 격차는 1:6까지 벌어졌지만 실제로 이처럼 집행되는 경우는 드물고, 총회에서 인준하는 사항으로 정리되었다. 즉 모든 조합원이 인정하는 한에서 급여 격차는 좀 더 탄력적으로 운영되기도 한다.

이들은 스페인 바스크 지역 내 일반 기업들의 보수도 급여를 정하는 기준의 하나로 삼고 있다. 특별히 이 기준을 강제했던 것은 아니지만 몬드라곤의 노동자 조합원들은 초기부터 이러한 원칙을 고수하고 있다. 어찌 보면 이것은 새로운 형태의 희생 또는 양보라고도 할 수 있다. 높은 성장률을 기록하는 협동조합의 노동자와 저조한 실적을 내는 일반 기업의 노동자가 비슷한 급여를 받는다니! 하지만 호세 마리아 신부는 늘 이 점에 대해 완고한 견해를 굳게 나타냈다.

협동조합을 꾸려갈 때 이론과 실천 모두에서 변하지 않는 기본 원칙은 연대이다. 연대는 순수한 이론적 선언이 아니라 집단 노동 및 연합 노동의 여러 가지 한계를 받아들이면서 실현해야 할 중요한 가치이다. 이것이 바로 서로를 도울 수 있는 길이다.

제7원칙: 상호 협력(Inter-cooperation)

연대 원칙의 명확한 적용과 마찬가지로 협동조합 간 협동은 사업의 효율성을 위해 다양한 측면에서 이루어져야 한다.
- 개별 협동조합들 사이의 관계 차원: 몬드라곤 조직 내에 부문별 하위 그룹을 만들었다. 이 덕분에 사업영역에서 규모의 경제와 조직적 시너지 효과가 촉진되고 점진적인 수익 증대를 포함하여 동등한 사회 노동 시스템의 창출이 가능해졌다. 또한 조합원 노동자들의 이동과 승진 또한 가능해졌다. 내부적 협동은 몬드라곤 협동조합의 역사를 통틀어 뚜렷한 특성이 되었다. 이는 신설 협동조합의 양성에서, 재정적 교육적 지원과 연구영역 지원조직의 설립에서, 그리고 사회 분야와 사업영역의 공동 프로젝트 실행에서 뚜렷하게 나타났다.
- 몬드라곤을 비롯한 바스크 및 스페인 협동조합 조직들 사이의 관계 차원: 공동 작업의 수행 및 다양한 사회경제기구에 대한 적극적 참여가 이루어졌다.
- 유럽 및 세계 협동조합운동과의 관계 차원: 공동의 발전을 이룩할 목적으로 조약을 체결하고 연합조직들을 설립했다. 또한 협동조합의 확산이라는 측면에서 우리는 출석 요청을 받은 국제 포럼이나 회의에 참가하고, 우리가 가진 수단이 허용하는 한 협동조합 운동을 위해 조언을 아끼지 않고 있다.

몬드라곤은 그 어떠한 협동조합운동의 경험보다 내부적 협동에 익숙해 있는 사례이다. 1990년대 이후 몬드라곤에서 벌어진 가장 큰 변화는 협동조합들 간의 통합이었는데, 이는 협동조합으로서는 과도할 정도의 기업 집단화로 나아간 측면조차 있다. 협동조합 간의 협동이 몬드라곤만큼 뚜렷하게 나타난 사례는 아마 없을 것이다.

더욱이 몬드라곤은 바스크 지역, 스페인 전역, 더 나아가 전 세계에서 협동조합의 틀을 벗어난 인수·합병과 사기업과의 공동 프로젝트 모델을 개발해오고 있다. 특히 1990년대 초반까지 전개된 사기업에 대한 협동조합 전환 프로젝트는 큰 반향을 불러일으키기도 했다.

제8원칙: 사회변혁(Social Transformation)

몬드라곤은 다음과 같은 방법을 통해 지역의 경제적 사회적 발전을 도모한다.
- 획득한 순수익의 재투자: 비교적 큰 비율의 수익을 공동체적 특성을 갖는 기금에 투여하는데, 예를 들면 새로운 일자리의 창출을 돕는 중앙협동조합기금과 같은 것이 있다.
- 공동체 발전을 위한 활동 지원: 사회 프로젝트 기금의 운용을 통해 교육 분야를 활발히 지원하고 있는데, 협동조합들의 순잉여 중 10% 정도를 여기에 할당하고 있다.
- 연대와 책임에 기반하여 협동조합 시스템에 조응하는 사회보장정책 운영: 이것은 사회보장기구인 라군-아로의 활동을 통해 이루어진다. 급부금의 저축을 장려하고 지불되는 기여금과 제공되는 서비스의 질 사이에 정확한 균형을 추구하려는 목적을 갖고 관리된다.
- 사회경제적 성격을 갖는 기타 기구들과의 협력

몬드라곤이 사회변혁의 원칙을 지키면서 일궈놓은 사회적 경험의 대의명분은 바스크 지역의 사회적 해방을 촉진하고 있다. 몬드라곤은 바스크 지역에서 가장 많은 노동자를 고용한 큰 기업이자 동시에 가장 발언권이 강한 기업으로 성장했다. 바스크 주정부는 노동인민금고와 공동 프로젝트를 하지 않고는 행정부를 지탱하기도 힘들 정도로 몬드라곤에 의존하고 있다. 몬드라곤대학은 바스크 지역의 청년이라면 누구나 입학하고 싶어 하는 일류 대학이고, 몬드라곤의 기술연구소는 기술 혁신과 신기술 개발에서 가장 앞선 연구소로 인정받고 있다. 노동인민금고는 스페인 전체 은행 규모에서 5위 안에 드는 거대 은행으로 발돋움했으며, 에로스키는 최대 유통업체로 성장했다. 몬드라곤의 파고르 전자는 스페인 내수 시장의 20% 이상을 장악한 주요 가전업체이다. 이렇듯 스페인 전체 경제에서 몬드라곤이 차지하는 지위는 막강하다.

그럼에도 몬드라곤의 노동자 조합원들은 바스크 지역 차원이든 스페인 전국 차원이든 노동자 총파업이 일어날 때면 언제나 지지를 표명하면서 동참한다. 사실 이들에게 파업이란 내부적으로 아무런 의미 없는 행위에 불과하며, 자기 자신을 향해 벌이는 소동 정도이다. 하지만 노동자의 대의에 충실하기 위해 이들은 기꺼이 파업에 동참한다. 몬드라곤 조합원 노동자들이 꿈꾸는 궁극적인 지점이 어떤 것인지는 알 수 없다. 그러나 분명한 것은 이들이 자신을 노동자로, 더 정확히는 자본을 도구로 활용하는 노동자로 인식하고 있다는 사실이다.

> 협력은 경제적 사회적 과정 속에서 이루어지는 인간의 진정한 통합이다. 이를 통해 새로운 사회질서가 형성된다. 협동조합주의자들은 이러한 목적을 위해 정의에 목마른 모든 사람과 노동자 세계에서 하나가 되어야 한다.

이들이 자신의 성공을 기반으로 하여 진행하는 지역사회에 대한 기여는 이제 시혜적 성격으로까지 보일 정도다. '노블리스 오블리제'라고나 할까? 단지 그 주체가 귀족이 아닌 평범한 조합원 노동자란 점만이 다를 뿐.

제9원칙: 보편성(Universality)

> 보편적 소명의 표현으로 몬드라곤은 사회적 경제의 영역에서 경제민주주의를 위해 일하는 모든 사람과 연대를 표명하고 국제협동조합운동의 특징인 평등, 정의, 발전이라는 목표를 지지한다.
>
> 이러한 보편성에 입각하여 가장 대표적인 사회경제 포럼에 적극 참여한다. 그러한 포럼들에는 CICOPA(국제 노동자 및 숙련공 협동조합 위원회), EUROCOOP(유럽 협동조합 연맹), CEPES(사회적 경제를 위한 스페인 기업 연맹)이나 바스크 협동조합 연맹 등이 있다.
>
> 또, 기업 및 협동조합 훈련센터인 오타롤라를 통해 지난 40년간 발전해온 우리의 사회경제적 경험에 기초한 협동조합 문화를 보급하기 위해 노력하고 있다.

몬드라곤의 사례가 세상에 알려지기 시작한 1980년대 이후, 그리고 필자가 『몬드라곤에서 배우자』를 번역 출간한 1992년 이후에도 줄곧 이런 질문을 받았다. "몬드라곤의 사례는 일반화되기 어려운, 바스크 민족주의에 기반한 특수한 사례가 아닌가?" 아마도 몬드라곤 사람들도 계속 똑같은 질문에 답해야 했을 것이다.

몬드라곤이 채택한 '보편성' 원칙은 이에 대한 분명한 답변이 될 수 있다고 생각한다. 몬드라곤은 바스크 지역의 한 귀퉁이에서 출발했지만 지금은 경제민주주의운동의 측면과 '사회적 경제' 측면에서 그 가능성을 전 세계 사람들에게 웅변하는 매우 보편적인 현상이 되어가고 있다.

노동조합의 경영참여운동이나 종업원지주제운동에서 몬드라곤이 차지하는 위상은 매우 독보적이다. 이 운동에 참여하는 사람들은 몬드라곤으로부터 영감을 얻어, 사회적으로 보잘것없고 평범한 노동자들이 단결해서 어디까지 갈 수 있는지 인식하게 되었다. 최소한 10만여 명을 고용할 수 있는 기업 집단으로 성장 가능하다는 것은 몬드라곤의 존재 자체로 입증된 사실이다.

특히 이들이 체화한 노동자 참여형 경영 모델은 회사를 경영하는 데 선택 가능한 하나의 방식으로 이해될 수 있다. 회사 내부의 갈등을 최소화하고 기업에 종사하는 모두가 공동의 번영을 위해 노력하는 방식으로 선택될 수 있는 것이다. 오타롤라(이곳은 몬드라곤을 방문하는 모든 사람과 입소 희망자에게 몬드라곤의 경영 모델을 소개하고 있다)에서 배출된 수많은 교육생은 몬드라곤의 경험을 자기가 속한 기업이나 단체 활동에 응용하기 위해 머리를 싸매고 고민한다. 여기에는 세계적으로 유명한 은행가, 기업 경영인, 정부 관리들도 포함된다.

제10원칙: 교육(Education)

교육과 훈련은 몬드라곤 협동조합운동의 출발과 발전에서 결정적인 역할을 수행했다. 몬드라곤의 창시자이자 주도자였던 호세 마리아 신부는 항상 '인간에 의해 채택된 사상과 개념에 대한 교육은 대중의 발전과 진보의 열쇠가 된다'는 점을 분명히 했다. 더 나아가 그는 '교육은 새로운 인간과 공정한 사회질서의 창출을 위해 당연하면서도 필수불가결한 주춧돌이다', 그리고 '지식은 권력을 민주화하기 위해 반드시 사회화되어야 한다'고 말했다. 이러한 접근에 기초해 그가 몬드라곤에 부임하자마자 실행한 첫 번째 일은 1943년 폴리테크닉 학교(오늘날의 몬드라곤 에스콜라 폴리테크니코아)를 세운 것이었는데, 이 학교는 항상 우리 협동조합의 관리자들과 숙련공들의 주요 배출구였다. 협동조합과 직업 분야에서 이루어지는 교육과 현장 훈련은 우리 협동조합이 발전하고 강화하는 데 핵심 열쇠다.

몬드라곤의 정신적 지주인 호세 마리아 신부는 기술학교를 설립하여 그 졸업생들을 통해 몬드라곤 협동조합의 초기 동력을 확보했다. 그는 교육이 곧 협동조합이라고 생각하면서 다음과 같이 말했다.

흔히 협동조합운동에 대해 교육을 활용한 경제운동이라고 말한다. 하지만 그

정의는 이렇게 바꿀 수도 있다. '협동조합운동은 경제활동을 활용한 교육운동
이다'라고.

우리는 국제협동조합연맹의 원칙을 검토하면서 협동조합이 왜 초창기부터
교육에 열을 올릴 수밖에 없었는지에 대해 살펴보았다. 몬드라곤의 사례를
통해 교육의 원칙을 강조하는 이유는 더욱 분명해진다. 다른 협동조합들에
비해 몬드라곤은 매우 복잡하고 정교한 협동조합 경영 모델을 확립해놓았으
며 기술과 작업 방식의 혁신 속도 또한 매우 빨랐다. 다양한 수준에서 갖가
지 수요에 따른 교육이 진행되지 않았다면 몬드라곤은 이후 한 발짝도 전진
할 수 없었을 것이다. 일반 노동자들이 따라오던가 아니면 그만두던가 하는
태도로 이들을 떼어놓고 몇몇 경영진이 이끌어가는 보통 회사와 몬드라곤이
뚜렷하게 구별되는 지점이 바로 이것이다.

몬드라곤의 기업 목표 : 고용 창출

몬드라곤의 기업 목표는 『몬드라곤에서 배우자』 20장 '민족문화와 조직
문화'에 서술된 것처럼 처음부터 지금까지 일관되게 '고용 창출'이다. 이는
회사를 발전시키는 목적이기도 하고, 구체적으로 조합원 노동자들이 유념해
야 할 내용이기도 하다. 몬드라곤에서는 고용 창출과 기존 조합원의 이익이
부딪칠 때면 언제나 노동자 조합원들이 자신의 이익을 양보하고 고용 창출에
방점을 찍어왔다.
어떤 의미에서 이것은 기존 조합원의 '희생' 과정이라고도 볼 수 있다. 기
존 조합원들은 고용 확대를 최소화시킴으로써 자신의 이익을 극대화할 수도

있다. 주주 자본주의의 원리에 지배되는 주식회사의 경우, 기존 주주들은 결코 자신의 이익을 포기하려 들지 않는다. 그들이 만약 주당 10,000원에 산 주식이 그 회사의 확대와 발전으로 15,000원으로 올라간다면 이 기회를 양보하는 일은 일어나지 않는다. 특히 경영권을 가진 대주주는 경영권 프리미엄까지 챙기려 한다. 이러한 일은 너무나 당연하게 여겨진다.

하지만 경영권을 갖고 있는 몬드라곤의 노동자 조합원들은 주식가격 상승에 따르는 이익과 경영권 프리미엄을 추가로 얻을 기회를 스스로 포기했다. 물론 이들은 잉여금 규모에 비례하여 출자 배당금을 지급받지만 일반적인 주식회사의 대주주들이 누리는 이익에 비하면 보잘것없는 액수이다. 게다가 이들은 그 지역의 같은 업종에 종사하는 노동자들보다 월급을 특별히 더 많이 받지도 않는다. 이들은 고용되지 않은 '미래의 동료 노동자 조합원'들을 위해 자신들이 훨씬 부자가 될 수 있는 기회를 포기한 것이다. 자신뿐만 아니라 더 많은 사람이 함께 잘 먹고 잘사는 것이 더 중요하다고 생각하는 것이다.

이러한 목표를 달성하기 위해 몬드라곤은 다음과 같은 하위 목표를 설정했다.

(1) 고객 중심 : 고객과의 전략적 협력

(2) 발전 : 성장, 국제화, 시너지 효과 극대화

(3) 혁신 : 혁신 경영, 기술 개발

(4) 수익성 : 경쟁력 제고

(5) 공동체 참여 : 기업의 책임, 사회변혁에 복무

(6) 협동 : 인적자원 개발, 지도력 배양, 협동정신 교육, 작업 중의 건강과 안전

여기서 가장 눈에 띄는 것은 (1)에서 (4)까지 목표들이다. 그중에서도 특히

'고객 중심'과 '수익성'은 1990년 이전 몬드라곤이 발표한 어떠한 문서에서도 발견할 수 없던 용어이다. 『몬드라곤에서 배우자』를 아무리 뒤져봐도 이에 대한 언급은 찾을 수 없을 것이다.

몬드라곤이 엄혹한 시장경쟁 체제에서 자신을 유지하기 위해 얼마나 조합원들을 설득했는지, 그리고 이 운동의 지도자들이 얼마나 모질게 스스로 갈고 닦았는지를 알 수 있게 해주는 개념들이다. 몬드라곤은 협동조합 원칙을 지키기 위해 투쟁해온 오랜 세월 동안 사업영역에서 협동조합의 새로운 발전모형을 개발하고 이에 적응해야 했다.

협동조합운동에서 오래된 논쟁 주제 가운데 하나가 바로 '운동성과 사업성'에 관한 것이다. 운동성을 강조하자니 사업성이 유지되지 않고, 사업성을 강조하자니 협동조합의 정체성이 고민되는 지점에서, 협동조합운동가들과 이론가들은 숱한 논쟁을 벌여왔다. 이는 몬드라곤에서도 마찬가지였을 것이다. 우리는 그들이 1990년대 이후 통합과 글로벌화 전략을 통해 협동조합의 사업적 측면을 강조해왔다는 점을 잘 알고 있다. 앞으로 몬드라곤이 두 측면의 통일성을 어떻게 유지해갈지 주의 깊게 지켜볼 일이다.

| 몬드라곤에 관한 모든 것 |

Q&A로 알아보는 몬드라곤

몬드라곤에 관한 모든 것
Q&A로 알아보는 몬드라곤

여기서는 몬드라곤이 그들을 상대로 제기된 수많은 질문에 공식적으로 답변한 내용을 소개하려 한다. 우리는 지금까지 1부 '몬드라곤의 현황과 조직 구조', 2부 '각 부문의 진화', 3부 '몬드라곤의 원칙과 가치' 등을 살펴보았다. 이제 그들의 공식적인 언어를 통해 몬드라곤에 대한 이해를 좀 더 심화시켜보도록 하자.

질문과 답변은 회사 현황, 협동조합주의, 내부 운영, 사업 전략 등 총 네 개 분야로 나누어 정리했다.

회사 현황

01 | **몬드라곤의 기본 구조는?**

기업연합체로서 몬드라곤의 활동은 4개 부문(금융, 제조업, 유통, 지식)으로 나뉘는데, 각각의 기능은 몬드라곤의 '중앙조직'에서 조정한다. 금융 부문은 은행 업무, 사회보장 업무, 보험 업무를 포함하고 있다. 제조업 부문은 상품 및 서비스 생산을 전문적으로 하는 12개 소부문 조직으로 구성된다. 유통 부문은 상업 유통과 농·식품사업을 포함하며 지식 부문은 각종 연구센터들과 4,000여 학생이 공부하는 대학, 그리고 몇 개의 직업 훈련 및 평생교육센터들로 구성된다.

개별 협동조합은 몬드라곤이라는 커다란 집을 구성하는 하나하나의 벽돌이라 할 수 있는데, 최고 의사결정기구로 조합원 총회와 CEO를 선임하는 최고 경영기관인 이사회를 두고 있다. 각각의 부문들은 몬드라곤 총이사회의 이사들이 지도한다. 총이사회의 이사장과 이사 14명은 중앙조직의 관리자들과 함께 몬드라곤의 중앙경영조직을 구성한다. 총이사회는 회사의 목표 및 전략을 기획, 조정, 실행하는 책임을 맡고 있다.

몬드라곤 의회 하부의 상임위원회는 의회가 채택한 정책 실행을 감독하고 집행하는 기구이며, 몬드라곤의 발전 전략 및 총이사회 이사장의 경영성과를 계속적으로 관리·감독한다. 상임위원회는 중앙의 다양한 부서들을 대표하는 19명으로 구성되어 있다.

몬드라곤 의회는 몬드라곤 최고 대표기구이며 단위협동조합의 조합원 총회에 해당하는 조직이다. 의회는 모든 협동조합을 대표하는 650명의 파견 대표(대의원)로 구성되며, 여기서 결정된 사항은 모든 조합에 대해 구속력을 갖는다.

02 | 몬드라곤의 성공 비결은 무엇인가?

몇 마디 말로 이를 설명하기는 힘들다. 하지만 다음의 이유들을 주목할 필요가 있다.

● 아리스멘디아리에타 신부의 결정적인 역할 : 몬드라곤의 경험 뒤에 숨어 있는 그의 추진력과 미래에 대한 거대한 비전, 그리고 학생 및 제자들이 그의 아이디어를 실천으로 옮기고자 했을 때 그들에게 미친 영향력 등이다.

- 협동조합의 인간적 특성 : 이로부터 자본에 대한 사람의 우위, 자본 및 경영에 직접적인 참여를 통해 회사에 대한 높은 헌신성이 생겨날 수 있었다. 이것이 적극적인 의견 통일과 협동의 문화를 만들어냈다.
- 협동조합의 관점에 선 적극적 사업 접근 : 이로 인해 회사의 수익성과 계획성, 열정, 그리고 경영 효율성이 회사의 기본 원리로 추구되었다.
- 창출된 모든 자원의 실질적인 재투자
- 환경 변화에 대응하는 지속적인 혁신
- 효율적인 내부 협동 수단의 창조 : 금융 분야, 사회보장, 혁신 및 R&D, 치밀한 일자리 관리, 그리고 위기 상황에 대한 대처 등
- 마지막으로 몬드라곤의 성공을 설명하는 또 다른 핵심 열쇠는 처음부터 지금까지 교육과 훈련에 집중했다는 점인데, 대학 및 직업학교에서 제공하는 정규교육뿐 아니라 직업 재교육 과정 및 고급실무 과정을 포함한 평생 교육 훈련 등을 중요하게 다루었다.

03 | **몬드라곤 협동조합운동은 국가나 공공기관의 도움을 받은 적이 있는가?**
우리 협동조합 시스템은 창립 때부터 지금까지 단 한 번도 국가는 물론이고 어떤 종류의 공공기관으로부터 도움을 받아본 적이 없다. 우리 협동조합들이 설립되고 성장한 것은 협동적인 노동 철학을 바탕으로 기업 경영에 조합원들의 참여를 독려하고, 연대의 원칙에 입각해 헌신한 사람들의 노력 덕분이었다. 물론 창립 초기에 우리 협동조합들은 각종 지원조직의 도움을 받았지만, 그 조직들은 모두 정부가 설립한 것이 아니라 우리가 스스로 만든 것들이다. 노동인민금고와 그 내부의 기업국, 훈련센터, 대학, 기술연구소 등이 바로 그것이다.

처음부터 몬드라곤의 경험을 지탱해온 철학은, 우리의 필요가 있을 때 우

리 자신이 지원조직(금융, 훈련, 연구 및 국제조직 등)을 직접 만든다는 것이다.

04 | 현재 몬드라곤의 기업 수는 어느 정도이며, 그중 협동조합이 아닌 기업
은 몇 개나 있는가?
우리는 현재 260여 개의 기업 및 조직체들을 보유하고 있으며, 그중
절반 정도가 협동조합이다.

05 | 종업원 중 조합원의 수는 얼마나 되며, 비조합원은 어느 정도인가? 또
비조합원들은 주로 어느 부문에서 일하는가?
2010년 말까지 몬드라곤의 평균 종업원 수는 8만 3,773명이며, 이
가운데 39.7%가 바스크 지방에서 근무하고 있고 44.2%는 스페인의 다른
지역에서, 그리고 16.1%는 해외에서 일하고 있다.

최근 급속한 성장으로 고용자 수는 1992년 2만 5,322명에서 2008년 9만
2,773명으로 늘어났고, 전체 노동자의 1/3에 약간 못 미치는 수가 현재 조합
원들이다. 비조합원들은 주로 바스크 지방 이외의 지역에서 유통 부문에 종
사하며 스페인 국내와 해외에 주재하는 공장에서도 일한다.

노동자 조합원의 비율은 앞으로 3년간 상당히 높아질 것이다. 주로 바스크
및 나바레 지역 밖에서 근무하는 비조합원 고용인 전부를 협동조합 조합원으
로 전환시킨다는 에로스키의 계획이 완수될 예정이기 때문이다. 이 과정이
완결되면 전체 노동자에서 협동조합 조합원의 비율은 75%에 달할 것이다.

06 | 어떤 기업이 몬드라곤에 가입하는 데 필요한 조건은 무엇인가?
어떤 기업이 몬드라곤에 가입하기 위해서는 이미 협동조합이거나 아
니면 반드시 협동조합이 되어야만 한다. 그 기업은 또한 우리의 규

칙을 수용해야 하고, 실행 가능한 발전 프로젝트를 갖고 있어야 한다.

가입을 요청해오면, 가입을 요구하는 회사와 같은 부문에 속한 부서에서 분석이 이루어진다. 예를 들면 내부 구조에서 '부문별 하위 그룹'이라 부르는 조직에 의해 그 기업의 가입 여부가 심의된다. 우호적인 심의 결과가 나오면, 최종 결정은 회사의 중앙경영조직(총이사회 및 상임위원회)이 내린다.

07 | 어떤 사람, 가령 한국인이 몬드라곤의 구성원이 될 수 있는가?

물론이다. 그가 우리 협동조합의 일원이 되기만 하면 가능하다. 이를테면 우리의 해외 파견원이 된다든가, 아니면 우리의 해외 공장에서 일하면 되는 것이다. 그러나 우리 협동조합 중 하나에라도 사업 및 직업적 연계를 갖지 않고 개인적인 친분 관계나 무보수 명예직과 같은 방식으로는 조합원이 될 수 없다.

08 | 몬드라곤 대학은 누구나 입학이 가능한가, 아니면 조합원만 가능한가?

몬드라곤 대학은 누구에게나 개방되어 있다. 학업을 마쳤을 때 몬드라곤에서 일할 의무도 없다. 물론 40~50%의 졸업생들, 특히 공학부 졸업생들은 우리 협동조합들 중 한 군데에서 일하긴 하지만.

09 | 장애인 고용에 대한 특별한 정책이 있는가?

우리는 다양한 수준의 장애를 가진 사람들을 위해 일자리를 창출한다는 취지에서 ONCE(스페인 전국 시각장애자조직)와 공동협약에 서명했다. 에로스키 그룹은 현재 전국의 판매 시설에 수백 명의 장애인을 고용하고 있다. 또한 제조업 부문에서는 과달라하라 근교의 공장에 200명 이상의 장애인이 고용되어 가전제품과 자동차 분야에서 조립을 담당하고 있다. '만카

란'이라는 이름의 이 회사는 몇 개의 몬드라곤 협동조합들(코프레시, 타호, 알레코프)과 ONCE의 공동소유로 되어 있는데, 비장애인과 장애인이 함께 수행하는 성공적인 작업 덕분에 좋은 평판을 얻고 있다.

협동조합주의

10 | 협동조합주의가 자본주의 생산 시스템의 대안이 될 수 있다고 생각하는가?
우리는 이 문제에 관해 모호한 태도를 취하지 않는다. 단적으로 우리는 좀 더 인간적이고 참여적인 기업을 만드는 방식을 발전시키고 있다고 믿는다. 협동조합주의는 더 나아가 기업의 핵심적인 자산이자 현대기업의 경쟁력 원천인 노동자 자체에 더 높은 가치를 부여하는 경향을 갖고 있으며, 이것이 가장 선진적인 경영 모델에 부합된다고 생각한다.

11 | 몬드라곤 협동조합은 부의 공정한 분배에 공헌하는가?
만일 협동조합운동이 고도로 집중된 몬드라곤 시 또는 알토데바 지역만을 놓고 본다면, 최근 유럽의 각종 보고서들이 산세바스티안 및 그 인근 지역과 더불어 이곳을 스페인에서 1인당 소득이 가장 높은 지역으로 꼽고 있음을 알 수 있다.

바스크 언론이 최근 '더 큰 경제 발전과 더 공정한 부의 분배'가 이뤄진다고 지적했던 곳도 바로 이곳이다. 이는 기푸스코아 지역 거주자들의 소득세 신고에 기초해 작성한 보고서에도 드러나 있다. 이런 보고서들은 '더 공정하고 탁월한 경제 발전 모델을 자랑하는' 알토데바 지역의 도시 특성을 강조하고 있다.

가장 집약적인 협동조합 활동이 일어나고 있는 곳이 기푸스코아 지역이라는 사실을 기억해야 한다. 이곳에서 우리 협동조합들은 바스크 지역 총 GDP의 8%, 공업 GDP의 17%를 생산하고 있다. 또한 우리 협동조합들은 전체 일자리의 7%, 제조업 부문의 16%, 그리고 제조업 분야 수출의 26%를 차지하고 있다.

12 | 몬드라곤은 세계화와 개인주의가 지배하는 조건에서 여전히 협동조합의 정체성을 지켜나갈 수 있는가?

몬드라곤의 창립자 중 한 사람이며 노동인민금고의 전 이사장이자 몬드라곤의 전 회장이었던 호세 마리아 오르마에케아는 바스크 언론과의 인터뷰에서 비슷한 질문에 주저 없이 답했다. "몬드라곤은 기본적인 정체성을 유지할 것이다."

오르마에케아는 언제나 '몬드라곤의 경험'을 특징지었던 기본 버팀대(교육, 노동 및 연대)가 인간 중심의 기업 및 참여 연대의 메커니즘과 함께 우리 협동조합에서 핵심적인 역할을 계속하리라는 사실을 강조한 것이다. 또한 그는 약 50년간의 경험을 총괄하여 '새로운 가능성을 찾아나가는 계획적 혁신 과정'이 필요할 수 있다는 점을 지적했다.

세계화와 관련하여 오르마에케아는 사기업의 인수나 사기업과의 합작 법인 설립이 꼭 필요하다고 강조했는데, 이는 몬드라곤 협동조합이 오늘날처럼 세계화된 시장에서 생존하기 위해 해외 확장이 필요한 자동차 부품, 가전 및 기계공구와 같은 제품영역에 초점을 맞출 경우 더욱 그러하다.

비조합원 고용 인원의 증가와 관련하여, 몬드라곤은 그들이 일하고 있는 주식회사의 소유권과 경영권에 참여할 수 있는 방식을 만들어내고 실행할 계획을 가지고 있다.

13 │ 남미 국가와 같이 다른 나라에서 기획되는 협동조합 또는 사회적 프로
젝트들에 대해 몬드라곤은 자금 지원이 가능한가?

우리의 자금 지원 메커니즘에 접근하는 것은 원칙적으로 조합원들
로 한정된다. 그러나 우리는 은퇴한 몬드라곤 관리자들이 개발도상국의 사회
적 프로젝트들을 지원하고 보조할 목적으로 설립한 문두키데(Mundukide)의 활
동을 지원하고 있다.

노동인민금고의 활동은 기본적으로 다른 금융조직에서 수행하고 있는 활
동과 같다. 상당 기간 동안 노동인민금고는 협동조합적이고 사회적인 성격을
갖는 프로젝트들에 관심을 가져왔다. 주로 바스크 지역 안에서 그러한 관심
을 가졌고 아직 해외로까지 눈을 돌리지는 않았지만, 점점 스페인의 다른 지
역으로 관심을 확대하고 있다. 그래서 지금은 노동인민금고가 남미와 같은
지역에서 협동조합적이거나 사회적인 프로젝트를 위해 자금을 지원하는 것
을 고려하지 않고 있다.

14 │ 몬드라곤이 지원하는 지역사회 활동은 어떤 것들인가?

몬드라곤은 설립 초기부터 지역사회에 대한 책임 및 연대에 헌신하
고 있다. 이 점이 몬드라곤의 기본 특징 중 하나라고 볼 수 있다. 이
러한 연대는 몬드라곤이 속해 있는 지역공동체의 복지와 삶의 질 향상에 의
미 있는 공헌을 하는 데서 나타난다. 직접적인 일자리 창출, 다른 회사들을
통한 간접 고용 창출, 그리고 다양한 기업을 양성하는 정책 등이다.

또한 몬드라곤은 해마다 수익의 약 10%를 지역사회 활동에 투자하는데,
이는 '협동조합 교육 및 부양 기금'을 통해 조성된다. 2008년 기금은 3,500만
유로에 달했고, 2005~2008년까지 4년 동안 1억 4,000만 유로의 기금을 조
성했다. 2008년에 조성된 3,500만 유로는 다음과 같은 지역사회 활동에 배정

되었다.

- 훈련 및 교육 프로젝트 : 고등교육, 직업교육, 일반교육에 1,000만 유로
- 문화 활동 지원 : 200만 유로
- 연구 및 개발 프로젝트 : 800만 유로
- 바스크 언어 및 기타 소수 인구의 언어 사용 권장 사업 : 170만 유로
- 돌봄 기획(장애자 지원, 노인 돌봄, 약물 남용자의 재활 프로그램 등)과 NGO 활동 및 신흥국의 개발 프로젝트 지원 : 630만 유로
- 기타 활동 : 700만 유로

내부 운영

15 │ **협동조합에서 노동조합의 역할은 무엇인가?**
│ 협동조합에서 노동자는 개인 차원으로 특정 노동조합의 조합원이 될
│ 수 있지만, 기업 차원의 노동조합 활동은 없다. 왜냐하면 몬드라곤에
서 노동자는 곧 소유자이므로 전통적인 기업의 노동조합이 수행하는 역할은
필요 없기 때문이다. 다만 노동조합의 기능 중 몇 가지, 예컨대 회사의 정책,
노동조건의 감독 및 노동자 정보권의 보장 등은 총회에서 선출된 조합평의회
가 수행한다.

16 │ **몬드라곤은 여전히 급여 격차를 낮게 유지하고 있는가?**
│ 일반적인 노동시장에 존재하는 급여 격차를 염두에 두고 우리의 특
│ 성과 복잡성을 고려할 때 여전히 그래야 한다고 믿는다. 몬드라곤
초기에 순급여의 격차는 1 : 3이었다. 이후 이것은 1 : 4.5로 확대되었는데,

정부의 소득세 도입 결과 높은 급여를 받는 경영 관리자들의 실소득을 보전해주기 위해서였다.

1990년대 MCC 체제가 만들어진 이후 격차 범위를 1 : 6으로까지 확대하고, 최고 경영자처럼 예외적인 경우에는 8등급에 달할 수 있도록 시행 방식을 수정했다.

17 | 몬드라곤은 어떻게 합법적으로 출자금에 대한 이자를 자본금으로 전환시키고 있는가?

협동조합에서 출자금에 대한 이자의 자본금화는 바스크 협동조합법에 의해 결정되는데, 바스크 주정부가 권한을 갖고 있고 내부 정관에도 명시하고 있다.

바스크 협동조합법은 협동조합이 수익을 내지 못하는 해에는 이자의 자본금 전환이 의무 사항이 아니라는 점을 명시하고 있다. 또 이 법은 이자 지급의 최대한도를 명시해놓았는데, 스페인 정부가 설정한 법정이자율(4.25%) + 6%에 상응하며, 최대 11%를 넘을 수 없다.

협동조합법을 참고하여 우리는 몬드라곤 의회에서 이자 지급률을 결정한다. 이 규정은 자본금에 대한 이자의 지급 한도를 7.5%로 제한하고, 만일 협동조합이 그해에 수익을 내지 못한다면 이보다 훨씬 낮게 책정한다.

18 | 협동조합의 경영 책임자는 누구인가? 조합원이면 누구나 이사가 될 수 있는가?

조합원 총회에서 충분한 지지를 얻을 경우 누구나 이사가 될 수 있다. 이사는 별도의 보수를 받지 않는다. 가장 적합한 후보자를 추천하고 선출하는 것은 이사회가 관장한다.

19 │ 조합원이 되기 위한 자격 요건은 무엇인가?

조합원 자격은 자신이 지원하는 일자리에 필요한 직무상 요건을 충
족하기만 하면 되고, 가입 여부는 이사회가 결정한다. 지원자는 급
여지수 1에 해당하는 가입비를 내야 하는데, 2009년에 그 액수는 1만 3,380
유로였다.

가입비는 조합의 자본금으로 조합원 자신의 자본구좌에 적립된다. 그 총액
은 해가 갈수록 조합이 지급하는 수익(배당금)을 통해 늘어난다. 조합원의 자
본금은 조합이 손실을 입을 때는 떨어질 수도 있다(마이너스 배당).

20 │ 다른 환경에서 일하는 노동자들과 비교해 몬드라곤 조합원들의 근무조
건 및 경제적 조건은 어떠한가?

우리는 조합원들의 근무 조건이 지역의 평균보다 훨씬 나을 것이라
고 생각한다. 기업 경영에 대한 참여와 투명한 정보 유통이 보장되고, '1인
1표제'로 운영되는 조합원 총회에서 모든 의사결정을 내릴 수 있다. 또한 조
합원은 기업의 소유자이기도 하다. 또 다른 중요한 점은 노동자 조합원들이
누리고 있는 안정적인 고용 환경과 훨씬 좋은 퇴직 후 보상이다. 노동자들은
퇴직할 때 국가에서 주는 연금뿐 아니라 라군-아로가 지급하는 연금, 그리고
상당한 액수의 출자금을 돌려받는다.

재정적 관점에서 볼 때, 일반적으로 하급 노동자들과 중급 기술자들(이들 역
시 조합원이다)은 비조합적 환경에서 일하는 사람들보다 훨씬 부유하다. 이는
지역의 다른 기업에서 받는 임금과 비슷한 수준의 급여와 함께, 출자금에 대
한 이자와 연말 배당을 받을 수 있기 때문이다. 반면 최고 경영자와 관리자
들의 경제적 여건은 비조합적 환경의 사람들보다 낮은 경향이 있는데, 이는
협동조합적 연대에 대한 그들의 헌신성을 입증한다.

사업 전략

21 │ 몬드라곤 협동조합들은 어떻게 자본시장에 접근하는가?

'2차 금융 분담금'을 통해서다. 이것은 바스크 협동조합법이 제공하는 수단인데, 2차 시장 혹은 AIAF 고정 수입 시장을 통해 자본시장에 접근하는 방법을 열어준다. 에로스키는 2002년 6월 처음으로 이 방법을 사용했다.

에로스키는 채권을 발행했는데, 이에 대해 에로스키 조합원 총회와 '스페인 유가증권 및 투자 사무국(CNMV)'의 승인 절차를 거쳤다. 처음에는 6,000만 유로의 채권을 발행했고, 투자자들의 긍정적인 반응을 얻어 9,000만 유로까지 늘어났다. 채권 발행은 큰 성공을 거두었는데, 그 이유는 다음과 같다. 유럽 리보 금리에 3%를 더한 금리라는 점, 고정 금리였다는 점, 그것이 유동성 자산이었다는 점, 에로스키의 조치들이 CNMV의 승인을 받았다는 점들 때문이었다.

2003년 에로스키는 7,000만 유로 상당의 새로운 '2차 금융 분담금'을 발행했고 2004년에는 세 번째로 1억 2,500만 유로를 발행했다. 이는 1, 2회 때의 발행과 비슷한 조건, 즉 유럽 리보 금리에 3%의 가산 금리를 적용한 것이었다.

또 다른 협동조합인 파고르 전자 역시 2004년 자본시장에 접근하기로 결정했는데, '2차 금융 분담금' 발행을 성공적으로 끝마쳐 6,000만 유로를 조달했다. 이는 원래 계획이던 3,000만 유로의 두 배에 해당했으며, 이로 인해 그 세 배에 달하는 채권 수요를 발생시켰다. 파고르 전자는 2006년 1억 2,500만 유로에 상당하는 채권 발행에도 성공했다.

22 | 세계화에 대응하는 몬드라곤의 전략은 무엇이고, 해외 생산설비는 어떻게 조직하는가?

앞서 언급했듯이, 몬드라곤 협동조합운동의 주요 자산은 변화하는 환경에 대한 적응력이다. 세계화에 직면해 몬드라곤은 1990년대 초 해외시장의 문을 두드리기로 결정했는데, 이는 단순히 수출을 증대시키는 차원이 아니라 생산설비를 해외에 배치하는 활동을 포함하는 것이었다.

그 결과는 다음과 같다. 우리는 1990년대 출발 당시 제조업 부문에서 25%의 해외 매출로 시작하여 2008년 58.2%로 확대했고, 16개국에 73개의 생산설비를 보유함으로써 2008년 전체 제조업 부문 생산의 23%를 차지했다. 이로부터 1만 3,000여 개의 일자리(제조업 부문 종사자의 34%)가 창출되었다. 여기에 몬드라곤의 해외 영업사무소 직원과 남프랑스의 에로스키 쇼핑센터 고용인까지 합하면, 우리의 해외 직원은 모두 1만 4,938명에 이르러 2008년 현재 몬드라곤 전체 직원의 16.1%를 차지하게 된다.

우리의 해외 자회사들은 모두 주식회사 조직이다. 여기에는 몇 가지 이유가 있다. 첫째, 대부분의 국가들은 스페인과 같은 협동조합법이 없다. 둘째, 사기업들과 합작 기업을 만들었다. 셋째, 이것이 가장 중요한 이유일 텐데, 협동조합 설립에는 협동조합 문화에 익숙한 조합원들의 존재가 필수적인데, 협동조합 문화는 짧은 시간에 형성되지 않는다.

2003년 몬드라곤 의회는 우리의 해외 자회사, 곧 비조합적 회사들에게 그곳에서 일하는 노동자들이 소유 및 경영에 참여할 길을 열어주는 '새로운 방식'을 고안할 것을 권고했다.

| 4부 |

몬드라곤의 미래

몬드라곤의 미래는 어떤 모습일까

기업지배구조와 고용의 측면에서 본다면, 몬드라곤은 기업의 주인인 3만 5,000여 명의 조합원 노동자가 스페인 국내의 3만 3,000여 명의 비조합원 노동자와 해외의 1만 6,000여 명 비조합원 노동자를 임금노동자로 고용하고 있는 '다국적기업'이다.

2007년 에로스키 조합원 총회의 결정에 따라 스페인 내 유통 부문의 비조합원 노동자 약 80%가 몇 년 내에 조합원 노동자로 전환될 전망이다. 몬드라곤 중앙조직은 16,000여 명의 해외 노동자들에 대해 소유 참여와 경영 참여를 확대하라고 해당 기업들에게 '권고'했지만, 아직까지 특별한 변화 조짐은 보고된 바 없다.

4부에서는 몬드라곤의 미래와 관련해서 크게 세 가지 문제를 검토해볼 것이다. 첫째, 2008년 미국발 금융위기 이후 불어닥친 유럽 경제의 후퇴와 스페인 경기침체에 대한 몬드라곤의 대응으로, 이는 10장에서 살펴볼 것이다. 둘째, 몬드라곤과 비슷한 자산 규모를 지닌 한국 기업과의 비교를 통해 협동조합 문화가 갖고 있는 의미를 살펴볼 터인데, 이것은 협동조합 기업으로서 몬드라곤의 진면목과 그 미래상을 살펴보는 데 도움을 줄 것이라 판단한다. 11장에서 이 내용을 서술했다. 셋째, 미래의 정체성 위기에 대응하여 몬드라

곤이 어떤 준비를 해야 할지를 필자의 시각으로 풀어냈다. 그 내용은 12장에서 확인할 수 있다.

특히 12장에서 다룬 세 번째 문제는 주로 이 책의 독자들과 함께 몬드라곤의 미래에 대한 생각을 나누려고 기획되었지만, 다른 한편 몬드라곤 사람들에게 전하는 필자의 제안문 같은 성격을 띤다는 점을 미리 밝혀둔다. 특별히 이 문제와 관련해서는 이 책이 출판된 뒤 영문 원고로 작성하여 몬드라곤 사람들에게 전달할 계획도 갖고 있다.

10
2008년 금융위기에 대한 대응

2008년 이전에 몬드라곤은 50여 년 역사에서 단 한 차례 심각한 경기침체를 겪었다. 1980년대 전반기였는데, 이때 유럽 경제는 전반적인 구조조정 과정을 겪고 있었다. 그 이전까지 몬드라곤은 연평균 매출액 성장률 20%를 웃도는 고도성장을 구가하고 있었다. 그리고 한 해도 예외 없이 잉여금은 흑자를 기록했다. 하지만 1981년 첫 번째 적자, 1984년 두 번째 적자를 기록했는데, 이 시기에 몬드라곤 사람들이 위기를 극복하기 위해 어떻게 움직였는지는 『몬드라곤에서 배우자』 4부 '80년대 경제침체기의 몬드라곤의 대응'에 잘 정리되어 있다.

2007년 하반기부터 시작하여 2008년 정점을 찍었던 미국발 금융위기는 스페인 경제는 물론이고 유럽 경제 전체에 심각한 타격을 입혔다. 이 글을 쓰고 있는 2011년 지금도 유럽 경제가 위험해지고 있다는 소문이 파다하게 돌고 있다. 이제 몬드라곤은 사업적인 측면에서 두 번째 위기를 맞이한 것으로 보인다.

위기의 징후들 : 일시적 조정 국면인가, 장기적 후퇴인가?

2008년 몬드라곤의 총이사회 이사장 호세 알데코아는 다음과 같이 말했다.

> 2008년은 1929년 대공황 이래 예상치 못했던 선진국 금융 시스템의 붕괴가
> 경제에 직접적인 영향을 미쳤는데, 특히 마지막 4개월 동안 소비와 생산 모두
> 에서 급격한 하락이 있었다. 스페인의 경우 이 지구적 위기는 자산 부문의 침
> 체에서 두드러졌는데, 기업이 도산하고 실업률이 증가하고 금융 부문에서 위기
> 가 발생했다. 그리고 소비지출은 빠른 속도로 감소했다.

몬드라곤에서 이러한 위기의 징후는 제조업 부문에서 가장 두드러지게 나
타났다. 2008년 제조업 부문의 총매출은 전년 대비 12% 줄어들었다. 2007년
의 총매출이 전년 대비 겨우 10% — 이는 매우 이례적으로 저조한 증가율이
다 — 증가한 것에 비춰보면 2008년의 매출은 2006년에 비해서 2% 줄어든
셈이다. 하지만 2009년에는 2008년에 비해서 20%가량의 매출 감소가 일어
났다〈그림 4-1〉 참조). 두 해 연속 매출이 감소한 것은 몬드라곤 역사에서 한
번도 없었던 일이었다. 그럼에도 놀라운 사실은 이것이 1980년대 전반기와
같은 잉여금 적자로 이어지지 않았다는 점이다. 잉여금 흑자 폭은 전년에 비
해 많이 줄어들기는 했지만 제조업 부문 전체에서 2008년 8,700만 유로,
2009년 7,100만 유로의 흑자를 기록했다. 2008년과 2009년 제조업 부문의
해외 수출도 총매출과 비슷한 폭으로 감소했다〈그림 4-2〉 참조). 더욱 심각한
문제는 제조업 부문에서 나타난 고용의 감소 추세이다. 2008~2009년의 2년
동안 2007년 대비 무려 8,000여 명의 일자리가 없어졌다〈그림 4-3〉 참조).
  제조업 부문만큼 심각하지는 않았지만 금융 부문에서도 침체 현상이 뚜렷

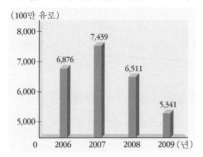

〈그림 4-1〉 제조업 부문 총매출(2006~2009)

(100만 유로)

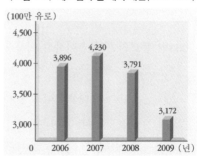

〈그림 4-2〉 제조업 부문 해외 매출(2006~2009)

(100만 유로)

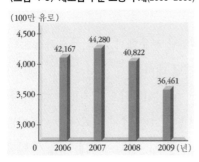

〈그림 4-3〉 제조업 부문 고용 추세(2006~2009)

(100만 유로)

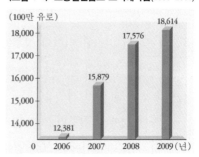

〈그림 4-4〉 노동인민금고 고객예탁금(2006~2009)

(100만 유로)

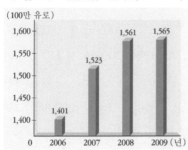

〈그림 4-5〉 노동인민금고 순자산(2006~2009)

(100만 유로)

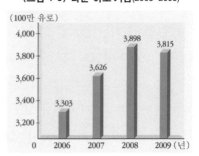

〈그림 4-6〉 라군-아로 기금(2005~2008)

(100만 유로)

하게 나타났다. 노동인민금고의 고객예탁금 증가 폭이 둔화된 것이다〈그림 4-
4〉 참조). 또한 순자산의 증가가 멈추고 2008~2009년 2년간 정체되었다〈그림
4-5〉 참조). 금융 부문의 또 다른 한 축인 라군-아로의 사회보장기금 증가도
멈추어버렸다〈그림 4-6〉 참조).

물론 이 정도의 후퇴는 유럽 전체 경제나 세계경제와 비교해보면 매우 미
미하다. 게다가 경쟁영역에서 시장점유율의 하락도 일어나지 않았다. 몬드라
곤 사람들은 1980년대 전반기와 마찬가지로 자신들의 경쟁자들에 견주어 몬
드라곤이 매우 강한 생명력을 보여주고 있다는 점에 자부심을 느끼고 있다.

2007년에서 2009년까지 3년간 이어진 침체는 2010년 들어 조금씩 회복되
기 시작했다. 제조업 부문의 매출액은 하락을 멈추고 다시 증가세로 돌아섰다.
2009년 대비 약 8% 성장했는데, 해외 수출은 10% 성장세를 나타냈다. 더욱
이 잉여금은 1억 7,000만 유로에 육박했다. 고용 측면에서도 2009년 대비
3%의 증가를 이뤘다. 하지만 이는 2007년 수준에 한참 모자라는 수치다. 노동
인민금고의 고객예탁금과 순자산도 2009년부터 여전히 정체되어 있다.

2007년부터 현재까지의 시기를 일시적 조정 국면으로 볼 것인지, 아니면
장기 침체의 시작으로 볼 것인지는 아직 명확히 말할 수 없다. 향후 몇 년간
진행되는 상황을 더 지켜보아야 할 것이다. 하지만 이 시기가 몬드라곤이 역사
적으로 두 번째 맞이한 경제적 위기라는 점에는 이론의 여지가 없을 듯하다.

몬드라곤의 대응

위기 극복의 동력: 참여와 연대, 그리고 혁신

1980년대의 위기 때와 마찬가지로 몬드라곤 사람들은 2007년부터 시작된

이 위기를 극복할 내적 동력을 갖추고 있다고 스스로 믿고 있다. 몬드라곤 총이사회 이사장 호세 마리아 알데코아는 「2008 애뉴얼 리포트」의 인사말 말미에 이렇게 적었다.

혁신과 개발, 적극적인 글로벌화 전략, 그리고 무엇보다 우리 협동조합 시스템의 고유한 유연성과 연대의 메커니즘을 활용한 노력을 통해 현재의 심각한 경제위기를 극복할 수 있다는 낙관적인 확신을 갖고 있다. 나는 '참여와 혁신'이라는 우리의 가치가 세계시장에서 중요한 경쟁력의 원천이 될 것으로 확신하고, 이 위기를 새로운 사업의 기회로 전환시킬 수 있을 것으로 생각한다.

제조업 부문에서 약 8,000명에 이르는 일시 휴직자는 몬드라곤 시스템 안에서 큰 문제가 되지 않았다. 이들은 이미 라군-아로 기금에서 시행하는 80% 휴직급여 제도의 혜택을 받고 있으며 몬드라곤의 교육기관에서 새로운 직업교육을 받고 있다. 이들은 같은 업종의 다른 협동조합 회사로 자리를 옮길 수도 있고 몬드라곤의 다른 부문으로 흡수될 수도 있다. 또한 몬드라곤의 소유자이며 경영권을 쥐고 있는 사람으로서의 지위도 유지될 것이다. 물론 이들의 출자금 계좌에 있는 예치금은 예전만큼 크게 늘어나지 않을 것이다. 고도성장 시기에 자기가 소속된 협동조합 기업의 경영에 무관심했던 많은 조합원은 다시 눈을 반짝일 것이고, 조합원들 간의 갈등은 줄어들 것이다. 더나아가 자기의 작업라인에서 생산성 향상에 더욱 박차를 가할 것이 분명하다. 이것이 바로 '참여와 연대, 그리고 혁신'을 기업문화로 가진 몬드라곤의 고유한 위기 극복 동력이다. 호세 알데코아가 말하고자 하는 핵심 내용 중하나가 바로 이것이었다.

몬드라곤의 협동조합 시스템은 위기 국면에서 고용과 노동 복지의 강점을

발휘할 수 있다. 이는 1980년대 전반기의 위기 국면에서도 확인되었다. 몬드
라곤의 일시적 휴직 노동자는 다른 기업에서 해고되어 길거리를 방황하고 있
는 노동자들과는 확연히 대비된다.

사업적 측면에서의 위기 대응

휴직 노동자들에 대한 보상과 교육이라는 측면 이외에 사업적 측면에서
몬드라곤의 위기 대응은 크게 세 가지 특징을 보인다.

첫째, 몬드라곤은 유통 부문에서 공격적인 확장 전략과 가격 전략을 펼치
고 있다. 몬드라곤의 유통 부문은 2007년과 2008년에 걸쳐 스페인 굴지의
유통기업 카프라보를 인수했다. 인수 가격은 약 28억 유로에 달했는데, 인수
뒤에 유통 부문의 매출은 2007년 15%, 2008년 20% 신장되었다. 유통 부문
의 고용은 2006년 대비 13,000명이 증가했다. 카프라보 인수 후 2010년에
에로스키는 은행 부채를 줄이고 내부 효율성을 증대시켰다. 또한 전반적인

소비 감소 추세에 맞춰 '최저가 전략'을 구사했는데, 이것은 유통 부문의 매출과 수익성 증대에 중요한 역할을 했다.

둘째, 몬드라곤은 제조업 부문의 글로벌화와 신규 사업영역 개발에 가속페달을 밟고 있다. 몬드라곤의 제조업 부문은 2008년 중국 쿠샨 산업단지를 개발하고 2009년 인도에 두 개의 생산공장을 신설했는데, 이로써 몬드라곤의 해외 생산설비는 75개로 늘어나고 해외 고용 인원은 13,400명까지 증가했다. 2010년 현재 이 인원은 약 16,000명으로 늘어났다.

2008년부터 몬드라곤의 제조업 부문에서는 5개의 신규 사업영역이 개척되었다. 기름저장고 제조기업 EKO3R, 단열재 제조기업 Isoleika, 물과 음식에서 세균을 제거하는 장비 제조업체 Sensia, 내부 장착 서비스기업 Ulma Embedded Solutions, 위생 손공구 제조업 Ulma Safe Handling Equipment 가 그것이다. 2009년 이러한 신사업영역의 개발과 함께, 제조업 부문 매출의 20%는 5년 전까지만 해도 존재하지 않았던 신제품 및 서비스 분야에서 이루어졌다.

셋째, 전 부문에서 R&D 투자를 늘리고 조합원에 대한 교육을 강화하고 있다. 2009년 몬드라곤 제조업 부문의 R&D 투자 비율은 2007년 4.6%에서 2008년 7.1%, 2009년 8.1%, 2010년 8.1%로 급격히 증가했다. 2009년 한 해에만 1억 4,000만 유로를 투자했고, 국내외 70여 개 프로젝트에도 참여했다. 이뿐 아니라 2008년부터 몬드라곤대학과 기술연구소들의 산학협동 연구 프로젝트도 계속 증가하고 있다.

협동조합 경영교육기관인 오타롤라의 활동은 2008년 이후 훨씬 더 적극적이고 공격적인 형태로 바뀌고 있다. 경영진은 물론이고 일반 조합원들에 대한 협동조합 교육 프로그램이 늘어나고 세미나 개최 횟수 또한 크게 늘어나고 있다.

기업 정신을 실현해가면서 극복하는 위기

현재 위기에 대한 몬드라곤의 대응은 1980년대에 비해 덜 힘들어 보인다. 몬드라곤은 이미 거대 기업으로 성장했고 그때보다 훨씬 강력한 위기 대응 능력을 갖추었다. 1980년대의 대응이 살아남기 위한 피나는 투쟁이었다면 현재의 기조는 "이 기회를 통해 시장점유율을 높이고 경쟁자들보다 훨씬 앞서 나가자"로 보인다. 놀랍게도 이들은 방어 전략보다 공격 전략을 선택할 정도의 힘을 갖게 된 것이다.

위기에 대응하는 것과 관련하여 일반적으로 협동조합은 일반 기업에 비해 큰 강점을 가지고 있다. 위기가 닥치면, 협동조합 기업의 소유자인 동시에 노동자인 조합원들은 자발적으로 허리띠를 졸라매고 생산성 향상에 갑절의 노력을 기울일 각오가 서 있기 때문이다.

「2010 애뉴얼 리포트」의 인사말에서 호세 마리아 알데코아는 이렇게 적었다.

> 2010년은 만족스러운 한 해였다. 몬드라곤의 소속 기업들이 노력한 결과 지난해에 비해 큰 성과를 거두었다. (…) 그런데 이 모든 것은 협동조합 모델의 틀 안에서 이루어졌다. 이에 따라 우리의 원리, 가치 및 경영 모델을 공유하고 성장시키는 자신의 힘을 신뢰하게 되었다. 우리는 계속해서 부와 고용 창출을 통해 우리의 기업 정신을 실현할 것이다.

11
몬드라곤과 현대자동차

　몬드라곤의 미래에 대해 본격적으로 생각해보기 전에 11장에서는 몬드라곤과 자산 규모에서 큰 차이가 없는 한국의 현대자동차를 비교·검토해보려 한다. 몬드라곤을 자꾸만 먼 나라의 이야기로, 우리와 관계없는 이야기로 생각하는 사람들에게 좀 더 현실감 있게 알리고 싶기 때문이다. 몬드라곤을 이러저러한 각도에서 들여다보려는 노력의 일환이라고 생각해줘도 좋다. 몬드라곤을 가까이 끌어다 놓을수록 더 생생한 '영감'을 얻을 수 있을 것이라 생각한다.

황당하지만 이유 있는 비교

　업종으로만 볼 때, 이 둘의 비교가 다소 황당하다는 생각이 들 수도 있다. 몬드라곤은 금융, 제조, 유통, 지식 부문을 포괄하고 있는 기업 집단이지만, 현대자동차는 자동차의 제조·판매에 주력하는 단일 기업이기 때문이다. 그럼에도 몬드라곤의 비교 대상으로 현대자동차를 택한 데는 이유가 있다. 한국에서 몬드라곤의 자산 규모에 맞먹는 기업 중 노동조합운동이 활성화되어 있는 기업으로는 현대자동차가 유일하기 때문이다. 알다시피 몬드라곤은 노동자들이 소유하고 경영하는 회사이다. 따라서 노동조합조차 없는 기업과 몬드라곤을 비교하는 것은 무의미하다고 생각한다.

한국의 기업 가운데 현대자동차의 대주주와 경영자들 만큼 노사 관계에서 개방적이고 타협과 대화를 시도하는 사람들은 별로 없는 것 같다. 현대자동차의 대주주와 경영자들은 최소한 노동자들을 대화의 상대로 인정하면서 공생의 길을 찾아가려는 모습이 보인다. 창업자의 '눈에 흙이 들어간 후'에도 무노조 정책을 여전히 고수하고 있는 어떤 기업을 떠올리면, 현대자동차는 조금은 수준이 다른 회사라는 생각도 든다. 훨씬 '현대'적이라고나 할까?

현대자동차 노동조합은 전국민주노동조합총연맹(민주노총)의 금속노조들 중에서 지도적 위치에 있다. 한국의 노동조합운동에서 단위 지부의 영향력이 현대자동차 노동조합만큼 큰 노조는 없을 것이다. 민주노총의 중심 노조 가운데 하나라고 보아도 될 듯하다.

이런 까닭으로 노동자들이 소유하고 경영하면서 고도성장을 구가하고 있는 회사의 대표격으로 몬드라곤을, 개방적인 경영자들과 강력한 노동조합이 대화와 타협 혹은 투쟁을 겪어가면서 높은 성장률을 나타내고 있는 한국 회사의 대표로서 현대자동차를 비교하고자 한 것이다. 두 회사의 노동자들은 기술적인 측면이나 회사 경영에 대해 높은 수준의 인지능력을 갖춘 것으로 전제했다. 몬드라곤 노동자들은 조합원 총회와 늘상 접하는 공개된 경영 정보를 통해, 그리고 현대자동차 노동자들은 매년 벌어지는 단체협상 과정과 노동조합 교육을 통해 점점 더 똑똑해져가기 때문이다.

비교 분석을 할 때 참고자료로 활용한 것을 미리 밝힌다. 현대자동차와 관련된 자료로는 「현대자동차 연결 감사보고서 2010」, 「현대자동차 2010년 경영 실적 설명회」,「현대자동차 2010년 사업보고서」를 활용했고, 노동조합에 관한 자료는 주로 노동조합의 인터넷 홈페이지를 참조했는데, 특히「2011년 단체협약서」가 큰 도움이 되었다.

자산 규모와 매출 규모, 그리고 글로벌화

몬드라곤과 현대자동차의 자산 규모를 2010년 대차대조표를 통해 비교해 보자. 유로 환율이 유럽 지역의 재정위기로 인해 매일매일 변화되고 있기는 하지만, 대략 유로화와 원화의 비율을 1 : 1,600으로 환산했다.

〈표 4-1〉 몬드라곤과 현대자동차의 자산(2010)

단위: 10억 원

	몬드라곤	현대자동차
자산	52,958	41,067
유동자산	41,249	13,234
고정자산(비유동자산)	11,708	27,833
자본금	6,844	27,846

몬드라곤의 자산에는 노동인민금고의 고객예탁금 약 28조 원이 포함되어 있는데, 이를 제외하면 약 25조 원이다.

매출 규모와 수출 비중은 〈표 4-2〉와 같다. 매출의 경우 몬드라곤은 제조업 부문과 유통 부문의 합계이고, 괄호 안 수치는 몬드라곤이 2008년 경제위기를 겪기 이전인 2007년도 통계인데, 참고를 위해 제시했다. 〈표 4-2〉에서 볼 수는 없지만 몬드라곤은 2008년, 2009년 두 해 연속 마이너스 성장을 했고, 현대자동차는 2006년과 2009년 매출액에서 각각 전년 대비 소폭의 마

단위: 10억 원, %

	몬드라곤	현대자동차
매출	22,382 (24,089)	36,769 (30,619)
당기순이익(잉여금)	284 (1,267)	5,266 (1,682)
수출 비중	60%	62%

* ( )는 2007년 수치

이너스 성장을 기록했다. 당기순이익은 경제위기 이전인 2007년까지 거의 비슷한 수준으로 진행되었다. 협동조합에는 당기순이익이라는 계정 과목이 없고 대신 잉여금 계정이 있는데, 같은 개념으로 보면 된다. 수출 비중의 경우 몬드라곤의 수치는 제조업 부문에 한정된 것이다.

몬드라곤과 현대자동차 모두 2000년대 이후 공격적인 글로벌 전략을 펼치고 있다. 몬드라곤은 80여 개의 해외 생산설비를 운영하고 있으며, 현대자동차는 해외 법인 수가 2010년 현재 160개를 넘어섰다. 유럽에서 현대자동차가 후원하지 않는 스포츠 행사나 이벤트를 찾아보기 쉽지 않을 정도라고 한다. 몬드라곤의 해외 전략은 현대자동차와 좀 다른 양상이기는 하지만, 사업적 측면에서는 별다르지 않다.

회사 소유구조와 급여, 그리고 동일노동 동일임금의 문제

노동자의 소유와 경영 vs 특수 관계인 지분에 영향받는 경영

몬드라곤과 현대자동차가 가장 결정적으로 다른 것은 소유구조이다. 몬드라곤은 약 6조 8,000억 원에 이르는 자본금을 3만 5,000여 명의 노동자 조합원들이 소유하고 있다. 1인당 평균 약 1억 9,000만 원 정도의 지분을 갖고 있는 셈인데, 이는 노동자가 퇴직할 때 지급된다. 현재 몬드라곤의 유통 부문에서 진행되고 있는 비조합원의 조합원 전환과 유통 부문 주식회사의 협동조합 전환 프로젝트가 완료되면, 아마도 노동자 조합원 수는 6만여 명 이상으로 늘어나고 자본금도 좀 더 늘어날 것이다. 2010년에는 노동자 조합원들이 2007년에 비해 자본금 배당을 많이 받지 못했다. 잉여금 액수가 큰 폭으로 줄었기 때문이다. 하지만 이 잉여금에서 사회기여금을 제외한 나머지 전액은 회사에 적립된다.

현대자동차는 28조 원에 달하는 자본금을 외국인이 약 40%, 특수 관계인이 약 25%, 기타 소액주주가 약 35%로 나누어 갖고 있다. 여기에서 특수 관계인의 지분에는 큰 변화가 없겠지만, 나머지 주식 소유자들은 계속 바뀌고 있고 앞으로도 바뀔 것이다.

현대자동차 경영권의 원천은 특수 관계인이 갖고 있는 지분이다. 대주주 모임이라고도 할 수 있는 특수 관계인 중에서 현대모비스가 전체 자본금의 약 20%를, 정몽구 회장이 약 5%의 지분을 갖고 있는데, 현대모비스의 대주주가 정몽구 회장이므로 결국 정몽구 개인이 특수 관계인 지분 25% 전체를 장악하고 있다고 볼 수 있다. 나머지 특수 관계인들의 지분은 무시할 수 있을 정도의 규모다. 우리사주조합을 통해 갖고 있는 노동자들의 지분 또한 거의 무시해도 되는 수준이다.

2010년 기준으로 정몽구 회장은 약 160억 원, 현대 모비스는 약 680억 원을 주식배당금으로 받았는데, 현대모비스가 정몽구 회장에게 얼마를 주었는지는 알아보지 못했다. 어쨌든 이를 포함하여 2010년 1년간 현대자동차는 4,200억 원을 주식배당금으로 내보냈다. 이는 당기순이익의 약 8%에 해당하는 액수이다.

거의 비슷한 급여, 그러나 동일노동 동일임금 원칙의 적용 여부는…

2010년 한 해 동안 몬드라곤의 인건비, 즉 월급으로 책정된 금액은 대략 총 3조 8,000억 원이고 1인당 약 4,600만 원쯤이다. 이 금액은 조합원과 비조합원을 포함한 전체 노동자 8만 4,000여 명을 기준으로 계산한 것인데, 스페인 국내에서 조합원과 비조합원의 급여 차이는 없지만 해외에서 근무하는 외국인 노동자들 1만 6,000여 명의 급여와는 차이가 있다. 따라서 이 부분을 감안하여 다시 계산해보면 스페인에서 근무하는 노동자 조합원의 연간 평균 급여는 약 5,300만 원으로 추산된다. 3만 5,000여 명의 노동자 조합원들은 여기에다 자신이 갖고 있는 1인당 평균 1억 9,000만 원의 출자금에 대한 약 7.5%의 이자를 받았는데, 이 금액은 1인당 평균 약 1,400만 원이다. 출자금에 대한 연말 배당은 1인당 평균 600만 원을 웃도는 금액이다. 이를 모두 합하면 몬드라곤의 노동자 조합원이 1년간 벌어들인 소득은 어림잡아 1인당 평균 약 7,300만 원이다(물론 이자와 배당금 등 자본소득 2,000만 원은 현금으로 지급되지 않고 개인 자본구좌에 쌓인다). 스페인 국내의 비조합원 노동자들은 이자나 배당금을 받을 수 없기 때문에 1인당 평균 5,300만 원 정도를 받는다. 자본소득을 제외하고 연간 급여에 관한 한 몬드라곤에서 '동일노동 동일임금'의 원칙은 매우 잘 지켜지고 있다.

현대자동차의 경우 2010년 총 5만 6,000여 명의 노동자들에게 지급된 급여 총액은 약 4조 5,000억 원인데, 이는 1인당 평균 약 8,000만 원 정도이다. 남성 노동자들은 약 8,100만 원, 여성 노동자들은 약 6,400만 원 정도를 받았다. 물론 노동조합에 소속된 대다수 제조 및 판매직 노동자들의 연간 급여는 평균 수치보다 낮을 것으로 예상된다. 한편 하도급 업체와 용역업체에 소속된 비정규직 노동자들은 급여 총액이 아닌 하도급 또는 용역 비용으로 계산되기 때문에 별도의 계산이 필요하다. 하도급 및 용역업체에 따라 다르

현대자동차 | 몬드라곤의 노동자 조합원과 현대자동차의 정규직 노동자의 연간 수입은 엇비슷하다. 그러나 몬드라곤의 비조합원 노동자와 현대자동차의 비정규직 노동자의 상황을 비교해보면 상황이 달라진다. 즉 수입이나 고용 안정성 측면에서 몬드라곤의 비조합원 노동자가 훨씬 좋은 대우를 받고 있는 것이다. 위 왼쪽 사진은 현대자동차의 선적 모습이고, 오른쪽 사진은 울산 공장의 생산라인이며, 아래는 2011 단체교섭 조인식 장면이다.

기는 하지만, 2010년 기준 1인당 약 3,500만 원 정도의 수입을 올린 것으로 파악된다. 그 숫자는 대강 1만여 명으로 추산된다. 현대자동차에서 '동일노동 동일임금' 원칙은 지켜지지 않는다.

비조합원 노동자와 비정규직 노동자의 차이, 그리고 이들을 보는 시선

몬드라곤 조합원 노동자들과 현대자동차 정규직 노동자들의 연간 수입은 엇비슷하다고 볼 수 있다. 출자 배당금 액수가 2010년보다 훨씬 높았던 경제위기 이전의 2007년을 비교해보면 아마 몬드라곤 노동자 조합원의 수입이 더 많았을 것이다. 몬드라곤 조합원 노동자들의 연간 수입은 스페인 노동자들의 연간 평균수입을 훨씬 넘어선다. 현대자동차 정규직 노동자들의 연간 수입은 한국 경제활동인구의 전체 소득분포에서 상위 20% 위쪽에 위치하고 있다. 하지만 몬드라곤의 비조합원 노동자들과 현대자동차의 비정규직 노동자들의 상황은 많이 다르다. 수입이나 고용 안정성 측면 모두에서 몬드라곤의 비조합원 노동자들이 현대자동차 비정규직 노동자들보다 훨씬 나은 대우를 받고 있는 것이다.

몬드라곤에서 비조합원 노동자들에 대한 노동자 조합원들의 태도는 기본적으로 '설득과 포섭'이다. 조합원들은 끊임없이 이들을 같은 식구로, 즉 조합원으로 만들려고 노력한다. 반면 현대자동차에서 정규직 노동자들은 자신들의 일자리를 회사가 더 싼값에 하도급 및 용역업체 소속의 비정규직 노동자들로 대체할 수 있기 때문에 이들과 일정한 긴장 상태에 놓일 수밖에 없다. 현대자동차의 '2011년 단체협약서' 제40조에서 이러한 고민을 엿볼 수 있다.

제40조(하도급 및 용역 전환)

1. 생산, 연구, 정비 부문의 전부 또는 일부를 외주 처리(모듈 포함) 및 하도급

또는 용역 전환 등 고용에 영향을 미치는 계획을 수립할 시 60일 전 조합에 통보하고 노사공동위원회를 구성하여 심의, 의결한다.

2. 판매 부문 대리점의 신규로 추가 개소되는 T/O에 관한 사항 등 전반적인 사항은 소위원회(부문위원회와 산하 지회) 및 조합과 심의, 의결한다. 대체 개소 및 거점 이동 등은 소위원회(부문위원회와 산하 지회) 및 조합과 협의하되 일방 적으로 시행하지 않으며, 대체 개소 및 거점 이동 시 모지점 관할 구역으로 한다. 기타 대리점 관련 사항은 기존 노사 합의 및 대리점 운영 방안 별도 합의서에 따른다.

3. 정비 부문의 블루핸즈(부분 정비업체, 지정 정비공장) 개설 및 전반적인 운영에 관 한 사항은 부문위원회와 사업부 간 별도 합의서에 의해 시행한다. 또한 정 비 부문 내 일감 부족 시 외주 또는 하도급 및 용역 전환을 중단하고 연간 협력 업체 운영 계획의 재조정 등을 통하여 최우선적으로 서비스센터 내 작 업 물량을 확보하여야 한다.

4. 신차 개발 후 양산되는 생산 차종 및 판매권을 이양코자 할 때에는 사전 조 합에 통보 후 노사공동위원회를 구성하여 심의, 의결한다.

5. 회사는 하도급 또는 용역업체가 조합의 지적에 의해 부당 노동 행위 판정을 3회 이상 받은 업체와 재계약 시 조합에 사전 통보하여 조합의 의견을 확인 (동의) 후 재계약한다.

협동조합 문화와 노동조합 문화

같은 뿌리, 다른 지향

협동조합과 노동조합은 원래 한 뿌리에서 나왔다. 둘 다 산업혁명 시기의 비인간적인 노동 착취에 맞서 좀 더 인간적인 노동을 추구하면서 생겨난 것이다. 하지만 그 발전 방향과 지향점에는 차이가 있다. 협동조합, 특히 노동자생산협동조합은 현재 상태에서 더 인간적이고 자유로운 노동을 추구하면서 회사 자체를 노동자의 것으로 만들고, 자본을 노동의 도구로 만들어 사업을 성공시키며 이를 통해 더 많은 노동자를 자기의 식구로 만들려고 한다. 이에 비해 노동조합의 노동자들은 자본에 맞서 노동조건을 개선하고 더 많은 것을 자본으로부터 따내려는 노력을 기울이면서, 이를 위해 다른 기업의 노동자들과 힘을 합쳐 계급적 역량을 강화하려고 한다. 이 경우 노동자들은 노동계급의 정체성, 즉 생산수단의 소유에서 배제된 임금노동자로서 자신의 정체성을 지키지 않으면 안 된다. 누군가 이들에게 소유나 경영의 일부에 참여를 권해도 이들은 이를 두고 심각하게 고민을 거듭한다. "이것이 노동자의 정체성을 훼손하는 것은 아닐까?" 하면서 말이다. 반면 노동자생산협동조합의 노동자 조합원들은 자신이 임금노동자가 아니라 일종의 자본주라는 사실을 순순히 받아들인다. 이들은 노동자이면서 자본주인 것을 자신의 정체성으로 인정한다.

협동조합과 노동조합의 문화가 서로 다를 수밖에 없다는 것은 이로부터 유추된다. 협동조합에서 임원으로 선출된 노동자 조합원은 자기 시간의 절반 이상을 회사 경영의 효율성 제고와 생산성 향상에 투여한다. 또 나머지 절반 시간은 노동 복지와 작업 여건 개선에 쏟아붓는다. 실제로 몬드라곤에서는 임원직 노동자들이 아침에는 이사회에 참석하여 회사의 경영지표를 살피고 저녁에는 노동조합 성격의 조합평의회 회의에 참석하여 노동시간 단축에 대해 토의한다. 반면 현대자동차의 노동자들은 후자만 하고 있다. 물론 이들이 전자에 전혀 관심이 없다고 이야기할 수 없지만 말이다.

쓰라린 경험 하나

필자는 노동조합에 소속된 노동자의 정체성, 즉 임금노동자의 정체성 문제에 대해 심각하게 고민했던 적이 있다. 1999년 무렵 대우그룹이 해체되었을 때 필자는 '노동자기업인수지원센터'의 대표로 활동하고 있었다. 필자와 동료들은 대우그룹 계열사 중에서 대우조선과 대우정밀에 관심을 갖고 있었다. 이 두 회사가 알짜 기업인데다 노동조합도 강력했기 때문에, 노동자들이 이 기업을 인수하거나 최소한 2대 주주의 지위라도 확보한다면 한국의 협동조합운동과 노동조합운동 모두에서 기념비적인 사건이 될 수 있으리라는 판단에서다. 우리는 당시 '대우그룹 노동조합협의회'의 간부들과 이 문제에 대해 토의했다. 문제는 인수 대금을 어떻게 조성할 것인가였는데, 우리는 두 회사 모두 노동자들의 '퇴직급여 충당금'이 충분히 조성되어 있기 때문에 이를 주요 인수 대금으로 하고 노동자 개개인이 돈을 조금씩 더 마련하면 대우조선은 최소한 2대 주주, 대우정밀은 최대 주주의 지위를 차지할 수 있을 것이라고 이야기했다. 그러나 대우그룹 노동조합협의회의 간부들은 이 계획의 현실성을 검토하는 대신 '임금노동자의 정체성'에 대해 말하면서, 자신들은 임금노동자가 가진 최후의 보루인 '퇴직금'에 손을 대는 일 따위는 할 수 없노라고 말했다. 그 당시 노동조합 활동가들의 대부분도 똑같은 견해라고 덧붙여 말했던 것으로 기억난다. 토의는 그것으로 끝났다.

최근까지도 가끔 그때의 기억이 떠오른다. 당시는 외환위기 직후라 대우조선이나 대우정밀을 인수하는 데 별다른 경쟁자도 없었던 때였다. 같은 업종의 대규모 기업들 대부분이 자기 코가 석 자였기 때문이다. 그때 그 회사들을 인수했더라면 지금쯤 노동자들은 아마 자신들이 쏟아부은 퇴직급여 충당금의 몇 배를 가져갈 수 있지 않았을까? 그렇게 되었다면 회사의 주인으로서 회사를 주도적으로 경영하고 있을 것이 틀림없고 고용도 매우 안정되었을 것이다. 더 많은 노동자를 고용하고 자신과 동일한 지위의 동료로 만들었을 것이다. 이런 경험 때문에 협동조합주의자인 필자에게 '임금노동자의 정체성' 운운은 매우 가슴 시리고 뼈아픈 기억으로 남아 있다.

현대자동차 노동자들은 현대자동차를 경영할 수 있나?

본론으로 돌아가자. 몬드라곤에 정착된 협동조합 문화와 달리, 노동조합 문화에 익숙한 현대자동차 노동자들에게 누군가 만일 다음과 같이 제안했다고 가정해보자. "당신들이 일하고 있는 그 회사를 인수해서 한번 경영해보면 어떻겠는가? 내가 돈을 꿔줄 테니 한번 해보시라! 몬드라곤을 보니까 당신네 회사 규모 정도면 잘 경영할 수 있을 것 같은데…… 업종도 몬드라곤보다 훨씬 단순하고 말이지."

현대자동차 노동자들은 어떻게 반응할까? 과연 그들은 이 제안을 받아들일까? 물론 빌려준 돈은 선의로 거저 주는 것이 아니다. 그들이 가질 주식을 담보로 잡게 될 것이다. 이들은 어떻게 할까?

여기서 한 가지만 지적하고 넘어가도록 하자. 협동조합 문화는 결코 단기간에 정착되지 않는다. 유럽에서도 그것은 200여 년이 넘는 산업화 과정에서 서서히 전진해왔다. 몬드라곤의 노동자 조합원들은 할아버지나 아버지, 삼촌들이 협동조합을 경험해보았거나 현재도 협동조합을 경험하고 있는 사람들이다. 몬드라곤 사람들은 이들로부터 '협동조합은 이런 것이고 협동조합에 참여한다는 것은 저러한 것이다'는 이야기를 어릴 때부터 쭉 듣고 자랐다. 이런 기반 위에서도 특정한 기업에 맞게 협동조합 문화를 정착시키는 일은 또다시 새로운 노력이 필요하다.

1980년대 후반부터 전투적으로 시작된 한국의 노동조합 문화는 앞으로 계속 성숙해갈 것이다. 그리고 결국 협동조합적 가치와 협동조합 문화에 대해 진지하게 고민할 시점에 도달할 것이다. 그것이 1년 후가 될지, 10년 후가 될지, 100년 후가 될지 알 수 없는 일이기는 하다. 이 시점이 되면 노동조합 문화와 협동조합 문화는 유럽에서 그랬던 것처럼 결국 그 경계선이 사라질 것이다. 그리고 기업지배구조의 진화는 새로운 동력을 얻게 될 것이다.

위 질문은 이 책의 마지막 16장에서 다시 한번 심각하게 검토해보겠다.

12
몬드라곤의 미래를 위한 포석

몬드라곤의 미래를 위협하는 것은 경제위기가 아니다. 몬드라곤은 어떠한 경제위기가 닥치더라도 경쟁 기업들보다 훨씬 잘 대처할 수 있는 시스템과 역량을 갖추고 있다. 모든 기업이 다 망할 정도의 위기가 닥친다면 몬드라곤도 결국에는 망할 수밖에 없겠지만 아마도 끝까지 존속해 있다가 가장 마지막에 망할 것이라 생각한다.

협동조합에 찾아오는 위기란
협동조합이 망한다는 것에는 사업적으로 실패한다는 것 외에 또 다른 의미가 내포되어 있다. 예를 들면 이런 것이다.

협동조합운동의 본격적 출범을 알렸던 로치데일 소비자협동조합은 지금도 여전히 남아 있다. 런던에 가면 로치데일 백화점을 볼 수 있을 것이다. 그러나 로치데일 소비자협동조합은 사업적으로 여전히 지탱되고 있지만, 사람들은 로치데일 백화점에 주목하지 않는다. 여느 백화점과 크게 다르지 않은 보통의 백화점일 뿐이다. 로치데일 소비자협동조합은 사업적으로는 망하지 않았지만 현재 심각한 위기에 처해 있다.

한국에서 신용협동조합은 1960년대와 1970년대에 걸쳐 지역사회운동을 주도했다. 1970년대까지만 하더라도 진보적 사회운동가들과 양심적 지역운동가들은 신용협동조합운동에 투신했다. 하지만 1980년대 전투적 정치운동을 제외한 나머지가 개량주의운동으로 매도되면서 신용협동조합운동가들의 재생산이 제대로 이루어지지 않았다. 그럼에도 신용협동조합의 사업 규모는 약 100배 이상 확대되었다. 그 과정에서 여러 곳의 단위 신협이 차츰 부패하기 시작했다. 1997년 불어닥친 외환위기에 한국의 신용협동조합운동도 사업적으로 된서리를 맞았다. 숱한 단위 신협이 무너져 내렸고, 수십 년 동안 신용협동조합운동에 몸담은 몇몇 지도자들이 부패 혐의로 기소되었다. 현재 한국의 신용협동조합은 사업적으로 건재하지만, 심각한 위기에 놓여 있다.

일정한 사업적 역량을 갖춘 협동조합에 찾아오는 위기는 대개 '정체성의 위기'이다. 사업적 위기는 극복이 가능하다. 하지만 정체성의 위기가 한번 닥치면 헤어 나오기가 쉽지 않다. 이 점은 몬드라곤도 예외일 수 없다고 본다. 몬드라곤의 설립 과정과 초기 성장 과정을 다룬 『몬드라곤에서 배우자』와 달리 이 책은 1990년대 이후 몬드라곤이 선택했던 통합 전략과 글로벌화 전략에서부터 이야기를 시작했다. 그리고 이 두 가지 모두 매우 논쟁적 요소를 안고 있다는 사실을 여러 차례 지적했다. 어찌 보면 이 책은 몬드라곤의 위험 요소부터 논의를 시작한 것이다.

몬드라곤의 미래에 대해 이야기할 때는 앞으로 20년 또는 50년 후에 어떤 모습일까를 상상해보는 것이 필요하다. 그때에도 이렇게 활발히 논의할 만큼 이들에게 중요한 의미가 남아 있을까? 그때에도 사람들이 몬드라곤으로부터 뭔가 희망의 메시지를 전해 들으려 할까?

글로벌화 전략의 보완

몬드라곤의 위협 요인

유럽 시장의 통합과 세계화의 급진전에 대응하여 몬드라곤이 글로벌화 전략을 채택한 것은 불가피했다고 생각한다. 사실 몬드라곤은 이를 통해 사업적 측면에서 큰 성공을 거두고 있다. 몬드라곤 상표는 이제 스페인을 넘어 세계적 상표로 그 지위가 높아졌다.

하지만 1장에서 살펴보았듯이, 몬드라곤은 글로벌화에 따른 많은 비판에서 결코 자유롭지 못하다. 지금처럼 글로벌화 전략을 밀고 간다면, 앞으로 몬드라곤 상표가 더 세계적인 상표가 될수록 비판의 강도는 점점 더 세질 것이고 몬드라곤의 정체성에 대한 회의도 더욱더 깊어질 것이다. 필자는 이것이 몬드라곤의 미래에 가장 큰 위협 요인이라고 생각한다.

직설적으로 말하자면 이런 거다.

"몬드라곤의 조합원 노동자들은 몬드라곤에 소속된 해외의 임금노동자들에게 자신과 같은 조합원이 될 기회를 줄 수 있는가?"

모든 비판자의 질문 또한 위와 동일할 것이다. 이들은 한발 더 나아가 이렇게 말할 것이다.

"그럴 자신이 없으면 이제 위선의 탈을 벗어라!"

몬드라곤 경영진이 2000년대 들어 누누이 주식회사 형태의 해외 자회사에게 노동자들의 경영 참여와 소유 참여에 각별히 신경써줄 것을 '권고'했다는 사실은 앞에서 읽은 대로다. 하지만 그것이 '권고'로 해결될 일이 아니라는 점은 삼척동자도 다 알 것이다.

독자들은 이미 앞에서, 2007년 몬드라곤의 조합원 노동자들이 유통 부문의 80%가량을 차지하는 비조합원 노동자들을 모두 조합원으로 전환시키기

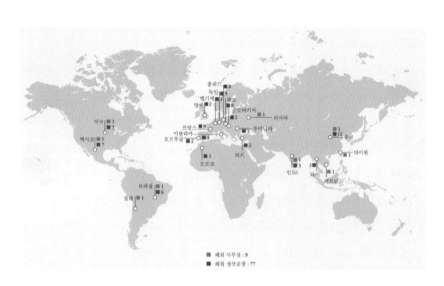

폴란드 ■8
독일 ■5
벨기에 ■1 체코
영국 ■2 ■8
      슬로바키아
              ■1 러시아
미국 ■1   프랑스 ■8
    ■3   이탈리아 ■2 루마니아   ■1 중국
멕시코 ■1   포르투갈 ■2 ■4   ■12
      ■7   ■1 타이완
            ■1   터키
          모로코   ■3   ■1
                              인도 ■1 베트남
브라질 ■1   타이
    ■6
칠레 ■1

■ 해외 사무실 : 9
■ 해외 생산공장 : 77

몬드라곤의 글로벌화

몬드라곤에 소속된 노동자는 8만 4,000여 명인데, 이 가운데 해외에서 일하는 노동자는 1만 6,000여 명의 비조합원 노동자이다. 몬드라곤은 해외에 2010년 현재 77개 생산공장을 갖고 있다. 몬드라곤의 글로벌화 전략은 성공을 거두고 있지만, 그만큼 위험 요소도 갖고 있다.

로 결정했다는 사실을 살펴보았다. 이 결정이 실행되어 완수된다면 몬드라곤에 소속된 스페인 노동자들 거의 대부분이 노동자 조합원으로 바뀔 것이다. 아마도 유럽 지역에 있는 자회사들, 예를 들어 2004년 파고르 전자에 인수된 프랑스의 가전기업 브란트의 노동자들도 이러한 전환 대상에 쉽사리 포함될 것이다. 10년쯤 후 이 책의 증보 개정판을 낸다면, 유럽 지역 대부분에서 몬드라곤 소속의 노동자들이 조합원이 되었노라고 독자들께 침을 튀기며 보고할지도 모르겠다. 하지만 그 밖의 해외 노동자들에 대해서는?

해외 자회사 노동자들의 지위 문제를 해결하기 위한 방안

이 문제의 해결을 위해 필자가 생각한 한 가지 해법을 제안하고자 한다. 이것은 미국과 유럽의 노동조합운동에서 벌어졌던 소유참여운동과 경영참여운동을 참고로 한 것이다.

몬드라곤의 주인인 조합원 노동자들은 해외 자회사가 위치한 국가의 법제도 때문에 해외 노동자들을 자신들의 처지와 비슷하게 만드는 일이 매우 힘들거나 불가능하다고 말한다. 하지만 방법이 아주 없는 것도 아니다. 협동조합 법제가 제대로 갖춰지지 않은 나라의 경우에는 주식회사나 유한회사의 형태를 통해서도 얼마든지 이러한 일을 할 수 있다. 몬드라곤의 해외 자회사에 대한 정책을 '현지화 전략'으로 진행한다면 이 일은 더 수월할 수 있다. 자회사들의 지속기간이 늘어나고 노동조직이 안정될수록 기회는 더 커진다.

가능한 모델을 한번 생각해보자.

① A모델 : 동수同數형

자회사 지분의 50%는 몬드라곤 노동자 조합원들이 갖고, 나머지 50%는 현지 노동자들이 갖는다. 물론 설립 초기부터 이렇게 할 수는 없다. 설립 초기에 몬드라곤이 가진 전체 지분 중 50%를 점차 현지 노동자들에게 판다는 것을 전제로 한다. 이사회는 동수로 구성하고, 대표이사는 협의하여 임명한다. 대표이사는 번갈아가며 할 수도 있다. 이 경우 노동자들은 몬드라곤의 준조합원으로 가입하여 라군-아로의 회원이 될 수 있도록 한다. 혹은 라군-아로와 협약을 맺은 현지 보험사와 계약할 수도 있다. 이렇게 하면 현지 노동자들은 실업이나 퇴직 시에 사회보장 혜택을 받을 수 있다. 월급은 현지 노동자들의 임금과 연동하여 결정한다. 회사의 이익금은 절반씩 나누되 노동자들은 이를 현금으로 인출할 수 없고, 다만 회사의 주식을 구입할 수는 있다. 이 주식은 회사에 신탁한다. 회사는 주식 대금을 별도의 개인구좌로 관리한다. 매년 발생하는 주식배당금도 이 구좌에서 관리한다. 이러한 사항은 회사 정관과 고용 계약서에 명시해둔다. 노동조합은 자유롭게 조직할 수 있고 월급은 단체협상을 통해 결정한다. 노동자 대표를 몬드라곤 의회에 대의원으로 파견한다.

② B모델 : 몬드라곤 주도형

자회사 지분의 51% 이상을 몬드라곤이, 49% 이하를 현지 노동자들이 갖는다. 이사회는 지분에 비례하여 구성하고, 대표이사는 몬드라곤이 지명한다. 현지 노동자들에게는 몬드라곤의 준조합원 자격이 없고, 사회보장 혜택도 없다. 월급, 주식배당, 개인구좌 관리 등은 A모델과 동일하다. 현지 노동자 대표를 몬드라곤 의회에 파견하되, 발언권만 주어지고 투표권은 행사할 수 없다.

③ C모델 : 해외 노동자 주도형

자회사 지분의 49% 이하를 몬드라곤이, 51% 이상을 현지 노동자들이 갖는다. 이사회는 동수로 구성하고, 대표이사는 현지 노동자들이 지명한다. 이 경우 노동자들은 몬드라곤의 준조합원 자격을 가지며, 반드시 라군-아로의 회원으로 가입해야 한다. 월급은 현지 노동자들의 임금 수준을 고려하여 이사회에서 결정한다. 주식배당금에 대한 규정은 A모델과 동일하며 노동조합을 만들 필요는 없다. 노동조합을 대체하는 조직을 만들어 이사회에 대한 자문 역할을 맡긴다. 현지 노동자 대표를 몬드라곤 의회에 대의원으로 파견한다.

대체로 B모델에서 시작하여 자회사 소속 노동자들이 협동조합 문화를 얼마나 잘 받아들일 준비가 되어 있는지를 고려하면서 A모델을 거쳐 C모델로 이행토록 하는 것이 바람직하다. 이 경우 몬드라곤은 의회의 운영 규칙과 라군-아로의 운영 규정을 바꾸면 된다. '준조합원' 제도를 신설하는 것과 관련해서는 현재의 예비 조합원 제도를 손질하는 것으로도 충분하다고 본다. 해외 자회사에 대한 관리 비용은 더 늘어날 가능성이 높은데, 자회사 자본금을 현지 노동자가 가진 지분만큼 회수하는 것으로도 충분히 상쇄될 것이다.

이렇게 함으로써 몬드라곤이 얻을 수 있는 이익은 크고 명확하다. 생산성은 증가하고 노사 관계는 안정되며, 몬드라곤에 대한 현지 노동계의 평판도 좋아질 것이다. 이에 따라 몬드라곤에 대한 현지 소비자들의 평가는 확연히 개선될 것이고, 몬드라곤의 브랜드 가치는 전과 비교할 수 없을 정도로 높아질 것이 틀림없다. 무엇보다 글로벌화 전략에 대한 근본적 비판이 수그러들고, 몬드라곤은 자신감을 갖고 더욱 공격적인 글로벌화 전략을 실행할 수 있을 것이다. 덤으로 현지의 노동조합운동과 협동조합운동으로부터 신뢰와 존경을 받으며 커다란 영향력을 행사할 수 있게 될 것이다. 신뢰하는 친구가 많은 사람은 아무리 힘든 상황도 헤쳐나갈 수 있는 힘이 생기는 것이 인간사의 진리 아닌가?

위에 제시한 A~C 모델과 같은 방식이 아니더라도 다른 방법을 통해 해외 자회사 노동자의 지위 문제에 관한 해법이 나올 수 있다면, 다국적기업으로서 몬드라곤의 정체성 위기는 미리 막을 수 있다. 그리고 시간이 지날수록 몬드라곤은 무한히 확장되는 다국적 협동조합 모델로 칭송받을 것이다.

참여와 조직 혁신을 어떻게 지속할 것인가?

협동조합 문화의 새로운 위기: 참여 열기의 약화와 세대교체

몬드라곤을 사람에 비유해 나이를 계산하면 2011년 현재 만 55세다. 많다면 많고 적다면 적은 나이라 할 수 있다. 그런데 이 나이에서 몬드라곤이 당면한 문제는 초기 설립자로 구성된 1세대의 열정과 헌신, 그리고 1990년대부터 몬드라곤의 도약을 일궈낸 2세대의 진취성이 앞으로 얼마나 이어질 수 있겠는가 하는 점이다. 어떠한 협동조합(혹은 조직)도 일정한 규모로 성장하여 조직구조가 복잡해지고 관리조직이 무거워지면 조직의 건강성에 적신호가 깜박인다. 즉 조직 건강도는 나이(시간)와 반비례 관계에 있는 것이다.

이미 몬드라곤 조합원 노동자들의 참여 열기는 점점 약화되고 있는 듯하다. 2000년대 들어 조합원의 총회 참석률은 30% 수준밖에 안 된다. 게다가 젊은 조합원들은 훨씬 자유분방하며 개인주의적인 성향을 보이고 있다. 비조합원 노동자들이 대거 조합원으로 전환되는 몇 년 뒤에는 몬드라곤의 협동조합 문화가 새로운 위기를 맞이할 수도 있다. 임금노동자 생활에 익숙한 노동자들이 '헌신과 연대'에 기초한 협동조합 문화에 적응하는 데는 많은 시간이 필요할지도 모른다. 이들이 적응하는 시간 동안 전통적인 협동조합 문화는 새로운 도전을 받을 것이다.

몬드라곤이 자신의 정체성을 지켜내면서 미래를 도모하기 위해서는 조합원들의 적극적이고 끊임없는 조직 혁신이 필요하다. 그 혁신은 젊은 세대의 조합원이 협동조합 문화와 더 친숙해지도록 하는 과정이어야 한다.

조직 혁신을 위한 두 가지 방안

두 가지 방안을 살펴보기로 한다. 하나는 몬드라곤에서 1970년대 중반부터 검토되다가 그다지 빛을 보지 못했던 '작업장에서의 노동 개혁 프로그램'(『몬드라곤에서 배우자』 11장 참조)이다. 다른 하나는 단위 협동조합 이사회와 조합평의회의 임원 선출에 '청년할당제'를 도입하는 것이다.

노동 개혁 프로그램은 1970년대 중반 몬드라곤의 제조업 부문 핵심 기업인 코프레시에서 시작되었다. 간단히 말하면 컨베이어 벨트로 이루어진 생산라인 중 일부를 작업용 탁자 형태로 교체하는 것이었는데, 그 효과는 매우 놀라웠다. 생산성이 향상되었을 뿐만 아니라 노동자의 자존심과 책임감이 높아졌고, 스스로 노동을 조직하고 평가했다. 하지만 이러한 프로그램이 모든 생산라인으로 확대되기 전, 1980년대 전반기에 경제불황이 시작되면서 흐지부지 끝나고 말았다. 보통 소유 참여와 경영 참여에 이어 경제민주주의의 최고 단계로 여겨지는 것이 바로 작업장 민주주의이다. 작업장 민주주의의 가장 일반적인 표현이 분업형 노동을 참여형 노동으로 전환시키는 일인데, 노동소외를 극복하는 마지막 단계라고 할 수 있다. 이것은 소유권과 경영권을 지닌 몬드라곤의 조합원 노동자에게 마지막으로 남아 있는 과제이기도 하다.

몬드라곤의 노동 개혁 프로그램은 몬드라곤대학교의 대학원 과정에서 2005년부터 검토되기 시작했고, 협동조합 경영교육기관 오타롤라의 경영자 교육과정에서도 빈번하게 다루는 주제이다.

청년할당제는 조직원의 노령화를 고민하는 많은 조직에서 도입하고 있다. 특히 고령화사회로 진입한 국가의 오래된 정당들에서 적극적으로 활용하는 제도이다. 그러나 청년할당제는 협동조합의 1인 1표에 기반한 민주적 운영 원리와 충돌할 여지가 있고, 따라서 이를 채택하는 데는 상당한 논란이 따를 수 있다. 나이를 기준으로 조합원을 구분하는 것도 기존의 협동조합 문화에 상당히 큰 부담으로 작용할 수 있다.

하지만 협동조합은 단기적인 프로젝트가 아니라 대를 이어 진행되는 초장기 프로젝트라는 점에 주목해야 한다. 협동조합의 조합원 사회는 다양한 연령대로 구성되는데, 대개 경험이 풍부하고 연륜 있는 조합원이 주요 임원으로 선출될 가능성이 높다. 이 때문에 젊고 발랄한 사고방식이 조직 안으로 흡수되고 젊은이들의 혁신적 제안이 경영에 반영되기란 쉽지 않다. 많은 조직에서 민주주의의 기본 원리를 무시하고 청년할당제를 채택하는 것은 이러한 사정과 관련 있다. 청년들에 대한 교육만으로는 이 문제가 해결되지 않기 때문이다.

조합원 노동자들의 참여도를 높이고 조직 혁신을 지속시키기 위해 몬드라곤이 '노동 개혁 프로그램'의 확대와 '청년할당제'를 깊이 있게 검토해보길 제안한다.

특히 노동 개혁 프로그램이 확대 발전된다면 몬드라곤은 경제민주주의에서 '노동자 소유 참여와 경영 참여의 모델'을 넘어 한 단계 높은 '노동소외 극복의 단계'로 전진해갈 수 있을 것이다. 이는 모든 노동운동가와 진보주의자의 궁극적 희망이기도 하다. 육체노동과 정신노동에 직접 종사하는 조합원 노동자들이 주인으로 있는 몬드라곤이 이러한 실험을 진행하기에 가장 훌륭한 실험실이라는 점에 누구나 동의할 것이다. 만일 이러한 실험이 본격적으로 진행되고 일정한 성과가 나타나기 시작한다면, 그것만으로도 몬드라곤은 인류 전체에 희망의 등불이 될 것이다. 또한 노동해방을 향한 인류 전체의 경험치와 몬드라곤이 성취한 지점이 같은 것으로 기록될 공산이 크다. 쉽게 말해 후대의 역사가들은 몬드라곤이 열 걸음 나간 것을 두고 인류 전체가 열 걸음 나갔다고 기록할 수도 있다는 뜻이다.

몬드라곤과 성장 패러다임의 전환

몬드라곤에서 무엇을 배울 것인가

이제 논의의 초점을 우리의 문제로 옮겨보자. 몬드라곤이 중요한 것은 우리에게 어떤 영감과 자극을 주고 있기 때문이다. 그렇지 않다면 몬드라곤은 그저 전설 속에 나오는 용에 관한 이야기에 불과하다. 실제로 몬드라곤은 MON('산'이라는 뜻)과 DRAGON('용'이라는 뜻)의 합성어이다. 우리말로 풀이하면 '용산龍山' 또는 '산에 사는 용'쯤 될 것이다.

몬드라곤의 노동자 조합원들이 갖고 있는 생각 중에서 우리가 가장 중요하게 취급해야 할 것은 무엇일까? 노동자들이 기업을 소유하고 경영함으로써 경제민주주의의 지평을 확대시킨다는 점? 아니면 이들이 기업 활동의 목표를 수익 확대가 아닌 고용 확대에 둔다는 점? 과연 무엇일까?

『몬드라곤에서 배우자』를 번역할 때 필자는 전자에 더 많은 관심을 두었다. 그리고 사람들에게 몬드라곤이 사회주의 국영기업보다 훨씬 효율적이고 자율적인 노동조직에 기반한 민주적 기업이며, 자본주의 사기업에 비해서 우월한 기업 제도라는 점을 알리고 싶었다. 또 협동조합이 전 사회적으로 지배적인 기업 제도로 정립되는 '협동조합 사회' — 사회주의 사회와 또 다른 — 가 가능하다는 것을 입증하는 예로 몬드라곤을 말하고 싶었다.

하지만 그로부터 20여 년이 흘렀고, 우리 사회는 1990년대 초반의 상황과

많이 달라졌다. 생각도 바뀌었다. 진보 진영의 고민은 어떤 사회체제를 선택할 것인가보다는 현재 존재하는 구체적이고 일상적인 문제에 어떻게 대처할 것인가 하는 문제에 더 뚜렷한 방점을 찍어야 한다고 생각했다. 특히 1997년 외환위기 이후, 신자유주의의 물결 속에서 극렬하게 전개되는 사회 양극화에 대해 어떤 해법을 가져야 하는지가 훨씬 중요한 문제라고 인식하게 되었다.

물론 협동조합 형태의 기업지배구조가 지닌 의미가 줄어들었다는 뜻은 아니다. 오히려 그것은 앞으로 더욱 큰 의미를 갖게 될 것이라 본다. 하지만 이제 필자는 그것을 길고 긴 기업지배구조의 진화의 역사로 넘겨야 한다고 생각한다. 그리고 우리는 좀 더 구체적이고 실생활에 관련된 문제에 대해 성찰할 시간을 더 많이 가져야 한다고 생각한다.

몬드라곤은 사회 양극화를 극복할 실천 전략을 고민할 때 신선한 영감을 주는 사례다. 양극화는 우선적으로 '안정적인 직장을 가진 사람'과 '그렇지 않은 사람' 사이의 격차에서 비롯되는데, 기업 활동의 목표를 수익 확대가 아닌 고용 확대에 둔 몬드라곤의 사례는 그래서 계속 곱씹어볼 가치가 있다. 기업 차원을 넘어 전 사회적으로도 양극화를 극복하는 방법은 안정적인 일자리를 많이 만드는 것과 사회적 안전망을 촘촘히 짜는 것 이외에는 없다.

13
성장 패러다임 변화의 계기

전통적인 성장론의 한계

신자유주의의 확대와 사회 양극화 심화

한국에서 1960년대 이후 40여 년간, 최소한 1997년 IMF 금융위기 전까지 통용되었던 성장론은 '정부 주도의 생산요소 투입형 불균형성장론'이었다. 이 성장론이 정치·사회·경제를 지배하면서 농촌 부문의 성장은 상대적으로 억제되었고, 수출 주도의 제조업을 중심으로 한 성장이 급속하게 이루어졌다. 또한 대기업을 중심으로 '규모의 경제'가 강조되었고, 중소기업들은 대기업의 하청 계열 기업으로 재편되었다. 여러 대기업을 소유하고 고압적으로 지배하는, 세계적으로 유례를 찾아보기 힘든 재벌 가문들이 등장하기도 했다. 물론 이 과정을 통해 고용은 빠르게 확대되었고, 성장의 과실은 어느 정도는 '낙수효과(trickle down effect)'에 의해, 결정적으로는 1980년대 후반 민주화와 노동조합운동의 성장과 맞물려 부족하나마 사회적으로 분배되기에 이르렀다.

1990년대 초반부터 성장과 분배에 대한 논쟁이 본격화되기 시작했지만, 막상 토론의 결정적인 국면에 가서는 "먼저 파이를 키우자!"는 구호가 언제나 반대편 논자들을 궁지로 몰아넣었다. 물론 정부가 주도하는 산업화의 폐단을 비롯하여 대기업 집단의 비효율성과 부도덕성으로 인해 초래된 1997년 위기 이후 이러한 논쟁은 새로운 국면을 맞이하는 듯 보였다. 하지만 이후 몇 년간 위기 탈출을 명목으로 강제된 '무방비 상태의 급속한 세계화'와 신자유주의 경제정책의 득세로 상황은 더욱 악화되고 논쟁은 오히려 억제되었다. 김대중 대통령의 '국민의 정부'는 그들이 정권을 잡기 이전 수십 년간 역설해왔던 내수 중심의 내포적 산업화론과 균형성장 정책을 펼칠 기회도 잡지 못한 채 한국경제를 무한 경쟁이 지고의 가치인 신자유주의적 세계화에 노출시키고 말았다.

경제성장률은 낮아졌고 그나마 세계화의 여파로 고용 없는 성장이 대세를 이루었다. 대기업과 중소기업 모두에서 기업 성장에 비례하는 고용 성장은 이루어지지 않고 오히려 고용 불안 현상이 심화되었다. 고용 비중에서 대기업보다 우위에 있는 상당수의 중소기업이 세계적인 경쟁에서 살아남기 위해 중국과 동남아시아로 공장을 옮겨가고, 대기업에서 일반화된 노동 유연화 정책으로 인해 비정규직 비율이 급속히 증가하기 시작했다. 이때부터 대졸 청년실업이 본격적으로 문제화 되었고, 직장에서 내쫓긴 사람들은 살벌한 무한 경쟁이 벌어지는 자영업 시장으로 내몰렸다. 이러한 사태는 전 사회적으로 양극화를 초래했다. 사실 양극화 현상은 오랜 기간 한국인들에게 매우 낯선 것이었다. 그러나 일단 한번 시작된 양극화는 점점 빠르게, 넓고 깊게, 잔혹하게 진행되었다. 현재 한국은 '부자들의 한국'과 '가난한 사람들의 한국'이라는 두 개 한국으로 나뉠 지경에 이르렀다고 해도 과언이 아니다.

되돌리기 힘든 세계화의 진전, 그리고 신자유주의 경제정책을 포기할 수

<표 5-1> 정책 패러다임의 전환 방향과 목표

	과거 및 현재 ⟶ 미래		목표
기본 방향	• 수출 • 제조업 • 산업 간 분업 • 주식거래 등 자본거래 치중	• 수출＋내수 • 제조업＋서비스업 • 산업 내 분업 • FDI와 주식 투자 균형	• 수출－내수 연계 강화 • 고용 없는 성장 극복 • 중국 부상에 대응 • 세계화 충격 완화

세부
이슈
	• 차세대 산업의 성장
	• 산업구조의 고도화
	  (고부가가치 산업 선별)
	
	• 최종재 중심
	• 정책적인 중소기업 보호
		• 차세대 산업의 성장＋일자리
		• 모든 산업의 생산성 제고
		  (모든 산업을 고부가가치화)
		
		• 중간재(부품 소재) 중심
		• 글로벌 혁신중소기업 육성
			성장 동력의 확보
			&
			양질의 일자리 창출

없는 상태에서 노무현 대통령의 '참여정부'가 등장했고, 개혁·진보 진영에서는 2000년대 초반부터 전통적인 성장론에 집요하게 문제를 제기하기 시작했다. 이에 그 대안으로 제시된 것이 바로 '혁신 주도형 동반성장론 또는 균형 성장론'이었는데, 이 새로운 성장론은 참여정부 후반기의 경제성장 정책으로 받아들여졌다. 국민경제자문회의는 2006년 1월 「동반성장을 위한 새로운 비전과 전략－일자리 창출을 위한 패러다임 전환」이라는 보고서를 대통령에게 제출했다. 이 보고서는 성장 정책의 전환 필요성과 전환 방향을 제시하면서 동반성장을 위한 주요 정책 과제와 정책 우선순위 및 중점 추진 과제에 대해 설명했다. 〈표 5-1〉이 바로 그 내용이다.

신자유주의 경제정책에 대한 반성과 그 폐단을 시정하려 한 새로운 성장 패러다임은 많은 사람의 지지를 얻었고 참여정부의 공식적인 성장론으로 받아들여졌다.

이후 등장한 이명박 정부는 실질적으로는 대기업 중심의 '비즈니스 프렌들리' 정책을 통해 규제 개혁을 강도 높게 추진하면서도 공식적으로는 국정 목표를 '신新발전 체제 구축'이라 명시하고, 과거와 달리 양적 성장이 아닌 질적 성장을 통해 성장과 복지의 선순환구조를 만들겠다고 밝혔다. 이뿐만 아니라 아직 뚜렷한 성과가 나타나지는 않았지만 대통령 직속 '동반성장위원회'를 통해 대기업의 초과 이익을 중소기업과 공유하는 제도를 검토하기도 했다.

1960년대 이후 50여 년간 주요 성장론으로 받아들여진 '정부 주도의 생산요소 투입형 불균형성장론'은 이제 '동반성장론 또는 균형성장론'에 그 자리를 내주게 되었다. 하지만 아직 이 성장론이 한국의 고용 지표를 획기적으로 바꾸고 있지는 못한 것으로 판단된다. 오히려 정규직과 비정규직의 격차는 점점 더 심화되고 정규직 일자리마저 불안정성이 커지고 있다. 심지어 이명박 정부 들어 대기업들은 규제 개혁의 틈바구니를 뚫고 기존에 중소기업의 고유 업종이었던 분야로까지 문어발식 영향력을 확장하고 있다. 사회 전체적으로 양극화 현상이 해가 갈수록 심각해지고 있는 것은 두말할 나위도 없다.

양극화의 족쇄

양극화가 심화될수록 공동체의 미래는 어두워진다. 수백 년 동안 좌우 갈등을 이어오던 유럽의 경제강국들이 1970년대 이후 좌파 우파 할 것 없이 복지국가 노선을 채택한 것은 오랜 세월 지속해온 계급투쟁과 계층 갈등에 대한 반성적 성찰에 기반을 두고 있다. 한국에서는 이제야 본격적으로 좌우투쟁의 경제적 사회적 기반이 조성되었다고 볼 수 있다. 이전까지의 정치투쟁은 다소 복잡하고 미묘한 변수들, 즉 한국적 변수들과 관련되어 있었다. 남북 갈등에서 파생된 민족문제의 해결 방식을 둘러싼 견해 차이와 동서 간의 지역주의 갈등이 계층적 이해관계보다 우선되었다. 하지만 2000년대 들어 양극화가 뚜렷해지면서 투쟁의 전선은 점점 단순해지고 있다.

현재 유럽 사람들을 지배하는 타협적이고 갈등 회피적인 복지국가 노선 이전으로 돌아가 부자와 가난한 사람들이 길거리에서 좌우 투쟁을 해도 상관 없을 만큼의 여유가 우리에겐 없다. 양극화는 필연적으로 우리 역사를 과거의 유럽 역사로 되돌려놓고 그들의 계급투쟁과 계층 갈등을 답습하도록 할 것이 틀림없다. 이러한 공동체에 무슨 미래가 있겠는가? 이미 다 철 지난 이야기들이 아닌가?

보편적 복지국가의 기초

거스를 수 없는 대세, 보편적 복지

2010년 한국의 제1야당 민주당이 '보편적 복지국가론'을 당론으로 채택했다. 이후 무상급식, 무상보육, 무상의료 정책이 구체적인 정책 방향으로 결정되고 국민들 앞에 선을 보였다. 이러한 정책들 전반은 유럽의 노동당이나 사회민주당과 같은 좌파 정당들이 주도적으로 내세우고 우파 정당들조차 찬성하지 않을 수 없었던 유럽형 보편적 복지국가 노선에 기반한 것이었다. 이는 한국 정당사에서 획기적인 사건으로 평가할 만한 일이다. 김대중, 노무현 정부 10년간 국정 운영의 경험을 가진 정당이 채택한 이 당론으로 한국의 정치 지형은 근본적 변화를 맞이할 갈림길에 섰다.

현재 여당인 한나라당의 유력한 대통령 후보 또한 복지국가 노선에 정면으로 반기를 들 수 없는 형국이다. 2011년 8월 24일 무상급식 정책의 존폐 여부를 놓고 치러진 서울시 주민투표 결과는 복지 정책의 강화 흐름에 역행하려는 정치권의 시대착오적 시도가 불가능하다는 것을 서울시민들이 선언한 사건이다.

보편적 복지국가로 가기 위한 현실적인 해결책

보편적 복지국가의 실현은 현재 한국의 재정수입 수준으로는 불가능에 가깝다. 표를 먹고 사는 정치인들이 — 심지어 민주노동당 국회의원이라 해도 — 국가의 재정수입을 늘리기 위해 세금을 늘려야 한다는 말을 하기는 힘들 것이다. 이런 발언은 정치적 자살 행위 같은 것이기 때문이다. 하지만 일반 국민들은 보편적 복지국가로 가기 위해 무엇이 필요한지 알고 있다. 정치인들의 이러한 태도는 사실 '눈 가리고 아웅'하는 것이거나 '손바닥으로 하늘 가리기'에 불과하다.

얼마 지나지 않아 세금 문제는 한국 정치의 가장 중요한 논쟁 주제로 등장할 수밖에 없다. 문제는 세금을 내야 하는 국민들의 재정 상태다. 지금과 같은 속도로 양극화가 진행되는 한, 세금을 더 낼 수 있는 사람들은 점점 줄어들 것이다. 그렇다고 몇몇 소수에게 부유세 같은 세금을 부과하는 것만으로는 이 문제가 해결되지 않는다. 그것으로는 많이 모자란다. 대다수 정치인이 (세금을 더 걷자고 주장할 용기가 안 나서) 주장하는 대로 재정 운영의 효율성을 높이는 것만으로도 이 문제는 해결되지 않는다. 그것으로는 턱없이 모자라기 때문이다.

현실적인 해결책은 대다수 국민으로부터 세금을 더 걷는 것이다. 이를 위해서는 반드시 선결해야 하는 것이 있다. 바로 안정된 고용과 질 좋은 일자리가 지금보다 더 빠른 속도로 늘어나야 하는 것이다. 더 많은 세금을 걷어 사회적 안전망을 촘촘하게 짜기 위해서 꼭 필요하다. 시장에서 일시적으로 패배한 사람들을 재기시키기 위해서, 노동능력을 상실한 노인들을 부양하기 위해서, 새로 태어날 우리 아이들 모두를 위해서, 그리고 이 아이들의 엄마를 위해서, 우리 사회 전체에서 '질 좋은 고용'과 '세금을 더 내도 되는 노동자들'의 숫자를 늘려야 한다. 이것이 유일한 해결책이다.

14
질 좋은 고용을 위한 성장

고용 확대는 성장의 결과인가, 아니면 목표인가?

동반성장론을 포함하여 현재까지 제기된 성장론은 성장과 고용 확대의 관계를 일면적으로 이해하고 있다. 이러한 인식을 한마디로 정리하면 이렇다.

"성장이 이루어지면 고용이 확대될 것이다!"

지금까지의 전통적 성장론은 불균형성장론이든 균형성장론(동반성장론)이든 간에 공통적으로 고용 확대를 성장의 결과로 인식했다. 물론 후자는 전자에 비해 고용 확대의 기회를 넓히는 데 초점을 맞추고 있다. 하지만 뭔가 부족하다.

"고용 확대를 위해 성장이 필요하다. 허접한 일자리가 아니라 질 좋은 일자리로! 한마디로 말해 질 좋은 고용을 위한 성장!"

이렇듯 나는 두 개 항의 위치를 바꿔야 한다고 생각한다.

질 좋은 고용으로 이어지지 않는 성장은 무의미하다. 비정규직을 늘리는 성장은 양극화를 가속화시킨다. 고용 없는 성장은 죄악에 가깝다. 국가뿐 아니라 기업 단위에서도 이는 마찬가지다.

몬드라곤의 노동자 조합원들은 기업 활동의 목표를 '수익 확대'가 아닌 '고용 확대'로 세우고, 이를 수십 년간 실행해왔다. 물론 그들의 노력이 완벽했던 것은 아니다. 스페인 내에서 비조합원 노동자들의 숫자가 늘어났고 해외에서도 임금노동자의 숫자를 늘리는 데 그쳤다. (사실 이것만으로도 충분하다!) 하지만 그들은 최근 비조합원 노동자를 조합원으로 전환하는 일을 시작했고, 해외 노동자들의 소유 참여와 경영 참여에 관심을 기울이고 있다. 더욱 중요한 것은 비조합원 노동자들과 조합원 노동자들 사이에 급여 격차가 거의 없다는 점이다.

2000년 이후 글로벌화에 성공한 한국 대기업들은 가파른 속도로 성장하고 있다. 기업의 자산 가치가 올라가고 주가 총액 또한 늘어났다. 이에 따라 대주주들의 자산평가액 또한 큰 규모로 증가했다. 고용도 늘어나고는 있는데, 신규 고용 가운데 비정규직의 고용 비중이 정규직의 고용 비중보다 훨씬 빠른 속도로 확대되고 있다. 비정규직과 정규직의 임금격차도 매우 커서, 대기업의 경우 사내 하청 노동자들의 임금은 비슷한 노동조건에 있는 정규직 노동자 임금의 1/2을 넘지 못하는 실정이다.

기업 활동의 목표와 성장에 대한 관점의 차이

여기서는 기업과 국가 차원에서 두 가지 사례를 가정한 뒤, 이의 비교를 통해 기업 활동의 목표와 성장에 대한 관점에 따라 결과가 어떻게 달라지는지 검토해보고자 한다. 일단 두 사례를 먼저 보자.

● A 사례

같은 업종에 종사하는 규모가 비슷한 두 회사가 2011년 비슷한 수준의 흑자를 기록했다고 가정해보자. 두 회사는 모두 향후 몇 년간의 시장 전망과 기업의 장기 성장 전망을 고려하여 2012년의 신규 고용 규모를 결정할 텐데, 두 회사의 경영진이 생각하는 전망치도 비슷하다고 치자. 그렇다면 두 회사의 2012년 신규 고용 규모는 동일할 것인가? 고용의 질은 동일할 것인가?

● B 사례

영토와 인구수가 비슷하고 산업구조도 비슷하며 2011년 경제성장률도 비슷한 두 국가가 있다고 치자. 2012년 두 나라에서 이루어질 신규 고용 규모는 비슷할 것인가? 고용의 질은 비슷할 것인가?

A, B 모두 결과가 다르게 나타난다면, 그 차이가 발생하는 가장 큰 원인은 무엇일까? 두 회사의 경영자와 두 국가의 정부당국자가 갖고 있는 '기업의 목표에 대한 관점', '성장에 대한 관점'의 차이가 결과에 어느 정도 영향을 미칠까? 또, 이러한 관점에 영향을 미치는 요소는 무엇일까?

기업 활동의 목표에 따라 달라지는 고용의 질

A 사례의 경우, 경영자는 회사의 주인이 어떤 생각을 갖느냐에 따라 그에 맞춰 움직인다. 주주 자본주의가 일반화된 환경에서 회사의 주인은(혹은 자본시장은) 당연히 자본수익률을 기준으로 모든 사물을 재단할 것이기 때문에, 경영자는 수익 극대화에 초점을 맞춰 움직여야만 자기 자리를 보전할 수 있다. 몬드라곤처럼 기업 활동의 목표를 고용 확대에 둔 노동자들이 회사의 주인일 경우 경영자는 가능한 한 최대한의 신규 고용, 그것도 질 좋은 고용 창출에

초점을 맞출 것이다. 그렇지 않으면 노동자들은 조합원 총회에서 경영진을 가만두지 않을 것이다. 이렇게 기업 활동의 목표가 무엇이냐에 따라 결과는 많이 달라질 것이다.

자본시장의 익명성 또는 몰인격성이 2008년 미국발 금융위기의 가장 큰 원인 중 하나였다는 점을 인정한 '반성문'이 홍수를 이루었던 적이 있다. 그리고 최근 국내에서는 '투명 경영'과 '기업의 사회적 책임'을 모토로 한 기업에만 투자하는 어떤 펀드의 수익률이 매우 안정적이었다는 보고도 나왔다. 물론 이 정도로는 자본시장의 보이지 않는 손이 모든 기업의 경영자들에게 악수를 청하지 않을 것이다. 앞으로도 상당 기간 여전히 자본시장이 가지고 있는 자본 우위나 수익률 우위의 질서가 쉽사리 깨지지 않을 것이다. 몬드라곤처럼 이 질서에 도전하는 기업들이 현실적인 성공을 거두고 '자본의 도구적·종속적 성격'을 원칙으로 삼는 기업들의 숫자가 얼만큼 늘어나야 자본시장이 꿈쩍할 수 있을까?

정부 정책의 관점에 따라 달라질 수 있는 자본시장

B 사례의 경우, 정부당국자는 국민들의 의사에 따라 움직인다. 신규 고용 확대, 그것도 질 좋은 고용 창출이 중요하다는 생각을 가진 국민들이 구성한 정부라면 정부당국자는 이를 위한 강력한 인센티브 정책을 펼 것이다. 그렇지 않으면 국민의 신뢰를 얻을 수 없기 때문이다. 이에 반해 전통적 성장론이 중요하다는 생각을 가진 국민들이 구성한 정부라면 정부당국자는 고용 확대를 위해 그다지 애쓸 필요가 없다. 국민들이 어떤 성장론을 받아들이냐에 따라 결과는 많이 달라질 것이다.

국민이 어떤 성장론을 수용하느냐, 그리고 이에 따라 정부당국자의 태도가 어떻게 달라질 것이냐 하는 점은 개별 기업의 활동 목표에도 영향을 미칠 것이고, 더 나아가 자본시장에도 큰 영향을 미칠 것이다. 만일 성장의 목표가 '질 좋은 고용'이라고 생각하는 국민이 압도적이라면, 그래서 정부당국이 모든 경제정책의 최우선을 '질 좋은 고용의 확대'에 둔다면 자본시장의 지도는 달라질 수 있다.

또 다른 가능성도 있다. '단기 수익 확대'보다 '고용 확대'를 기업 목표로 둔 기업(꼭 협동조합일 필요는 없다)이 생산성이 높고 성장 잠재력이 풍부하며 더 끈끈한 생명력을 가진다는 점이 입증되기만 하면 자본시장의 지도 자체가 바뀔 수 있다. 단기 차익에 의존하지 않고 장기적으로 안정적인 수익을 원하는 자본은 이러한 기업을 더욱더 선호할 것이기 때문이다. 쉽게 말해 몬드라곤 같은 회사가 자본시장에 공개된다면 이 회사의 주식가격이 장기 안정적으로 올라갈 것이므로 많은 투자자가 이 회사의 주식을 살 거라는 말이다. 매년 질 좋은 신규 고용이 확대될수록 주식가격은 더 치솟을 것이다. 상황이 이러하니 다른 회사들 또한 자본시장에서 더 많은 자금을 조달하기 위해서라도 자사의 기업 활동 목표를 변경하는 것에 대해 심각하게 고민하지 않을 수 없을 것이다. 그리하여 마침내 질 좋은 고용은 계속 늘어날 것이다. 이런 식으로 고용과 성장의 선순환 고리가 만들어질 수도 있다.

한국의 경험과 확대 전략

한국의 경험, 그리고 희망을 위한 제언

몬드라곤에 대해 사람들과 토론하다 보면 이야기의 마지막 무렵에 가서는 대개 이런 반응이 나타나곤 한다.

"그래서, 그게 뭐?"

스페인 바스크 지역에서 벌어지는 어떤 일이고, 그것은 좋은 일임이 틀림없으며, 앞으로도 잘됐으면 좋겠고, 대단하다면 대단할 수도 있는 일이지만, 그래서 그게 우리랑 무슨 관계가 있냐는 뜻으로 하는 말이다. 사실은 그렇다. 몬드라곤이 우리의 삶과 무슨 관계가 있겠는가?

하지만 한국에서도 이와 비슷한 일이 벌어진 적이 있고, 지금도 벌어지고 있으며, 앞으로 몬드라곤을 참고 삼아 한국의 기업지배구조와 노동운동에서 어떤 변화를 일으키려고 하는 사람들이 있다는 사실을 알게 된다면, 이들의 태도는 다음처럼 바뀌지 않을까?

"우리가 할 수 있는 일에는 뭐가 있을까?"

우리는 6부에서 노동자생산협동조합운동을 위해 헌신했던 한국의 경험을 보게 될 것이다. 그것은 힘겨운 과정이지만 아직 성공적인 결과에는 도달하지 못한 현재진행형의 어떤 움직임이다. 하지만 앞으로 발전해갈 수 있는 씨

앗은 이미 충분히 뿌려져 있다는 사실을 독자들이 이해하는 데 큰 어려움이 없을 것이다.

필자는 마지막 16장에 공격적인 제안을 덧붙였다. 물론 그 제안에 몬드라곤의 정신을 한국에 더욱 적극적으로 퍼트리려는 의도가 아주 없는 것은 아니지만, 거기에만 방점이 찍힌 것은 아니다. 어쩌면 그것은 별로 중요하지 않을 수도 있다. 더 중요한 것은 몬드라곤의 실험이 우리에게 주는 '영감'에 기초하여 우리 자신의 문제를 풀어보고자 하는 관점이다. 어떻게 하면 지금보다 질 좋은 고용을 확대해갈 수 있을지에 대해 고민하면서, 필자는 이 책의 마지막 부분에서 한국의 기업지배구조 변화에 대해 생각했다.

15
한국의 경험

한국은 어떤 의미에서는 '협동조합 공화국'이라고 정의해도 지나치지 않을 것이다. 지금 바로 길거리에 나서면 각종 협동조합 간판을 어렵지 않게 볼 수 있다. 전국 어느 지역에 가더라도 농업협동조합이나 신용협동조합, 새마을금고는 쉽게 찾을 수 있다. 이곳에 조합원으로 가입하는 것도 힘들지 않다. 점포 문을 열고 들어가서 신청서만 쓰면 된다. 이뿐만 아니라 저농약·유기농 먹거리를 주로 취급하는 생활협동조합과 이들이 지역에 낸 친환경 농산물 판매 점포도 온·오프라인에서 쉽게 접할 수 있다. 규모만 보더라도 이들 협동조합 전체를 다 합친 1년 사업액이 2010년 현재 300조 원을 넘어섰다. 정부의 1년치 예산과 맞먹는 규모가 된 것이다. 각종 협동조합운동이 매우 활성화된 북유럽조차 '협동조합 블록'의 1년 사업액이 정부 예산과 맞먹을 정도로 큰 나라는 한 군데도 없다.

여기서 한국의 협동조합 전체를 다루고 싶지는 않다. 필자는 15장에서 직접 노동에 참여하는 노동자들이 자신의 일자리를 스스로 가꾸어나가는 노동자생산협동조합운동의 시도들에 한정지어 살펴보려 한다. 몬드라곤의 노동자들이 그랬던 것처럼 자신의 경제적 명운과 일자리를 걸고 한판 승부를 벌였던 시도들을 중심으로 살펴볼 것이다.

한국에서 협동조합운동이 본격적으로 일어나기 시작한 것은 1990년대 초반에 들어와서다. 『몬드라곤에서 배우자』가 1992년 출간되었는데, 이 책의 영향이라기보다는 그 당시 한국의 진보적 사회운동이 새로운 방향을 모색하던 시기였다는 점이 중요하게 작용했을 것이다. 『몬드라곤에서 배우자』의 번역 출간은 그러한 한국의 상황을 반영한 시도였다고 이해하는 것이 아마도 균형 잡힌 판단일 것이다.

1990년대 초반 소련을 비롯한 동유럽의 사회주의 체제 붕괴 이후 사회주의운동 노선은 급격하게 약화되기 시작했다. 1970~1980년대 내내 전국을 들끓게 한 민주화운동도 1992년 김영삼 대통령의 문민정부가 들어서면서 새로운 국면을 맞이했다. 1980년대 후반부터 노동 현장을 강타했던 민주노조운동은 그 이전 위장 취업과 공장 활동을 전개하던 지식인 운동가들이 노동자 출신의 노동조합운동가들에게 자리를 내주어도 크게 문제없는 환경을 만들었다. 이 시기에 많은 진보적 활동들이 새로운 사회운동에 대해 고민하고 방향을 찾고 있었는데, 노동자생산협동조합운동은 이러한 사회적 변화들을 배경으로 생겨났다.

사실 1980년대 10년 동안 전개된 협동조합운동의 담론들은 격렬한 사회주의적 정치투쟁에 밀려 '한가로운 소리'로 치부되었다. 협동조합주의자들은 개량주의자로 몰려 얼굴을 들고 다니기가 쉽지 않았다. 그 때문에 자신들의 활동 내용에 대해 어디 가서 명함도 내밀기 힘든 상황이었는데, 이러한 사정은 1990년대 들어 바뀌기 시작했다.

생산공동체, 자활공동체, 그리고 대안기업운동

생산공동체운동의 태동, 확장, 한계

생산공동체운동은 한국에서 벌어진 최초의 노동자생산협동조합운동이었다. 이 운동을 주도한 사람들은 1980년대까지 도시빈민운동에 몸담고 있었다. 당시 이들이 전개한 빈민운동은 주로 빈민들의 주거 문제에 집중되었고, 특히 철거반대투쟁은 이들을 대표하는 상징적 투쟁이었다. 1990년대 들어 이러한 운동은 일자리와 자조적인 생계 해결 방식을 찾던 이들이 합류하면서 더 확대된 운동으로 나아갔다.

1991년 하월곡동의 '건축일꾼 두레', 1993년 상계동의 봉제협동조합 '실과 바늘', 인천 송림동의 전자제품 조립 공동체 '협성', 1994년 봉천동의 '나섬건설', 인천의 봉제협동조합 '옷누리', 1995년 구로의 봉제협동조합 '한백', 마포의 '마포건설', 행당동의 봉제협동조합 '논골' 등이 이러한 운동의 일환으로 설립되었던 노동자생산협동조합이다. 이들은 이것을 '생산공동체'라고 불렀는데, 일하는 조합원 모두가 출자해서 조직을 공동으로 소유하고 사업 경영과 조직 운영에 참여했다. 출자, 경영, 노동에서 공동참여를 통해 빈민 지역 주민들의 경제적 불이익을 극복하고, 의식화 과정을 통해 민주적 대안공동체를 만들려는 것이 목적이었다.

생산공동체운동은 1994년부터 지역 빈민운동을 넘어 노동운동으로까지 확장되었다. 지역 노동운동에서 생산공동체의 시도와 실험은 한국 사회의 산업구조 변화와 관련된 것이기도 했다. 한국 경제성장의 중심에 서 있던 의류 제조업이 사양산업으로 분류되면서 공장들이 저임금을 찾아 해외로 진출하고 국내의 공장들은 영세화되었던 것이다. 의류 제조업에서 단위 사업장 중심의 노동조합운동이 한계를 나타내고 자본과의 교섭 자체가 어려워지자 지역 노동조합운동은 새로운 시도를 모색했다. 즉 일상적 차원에서 자신을 조직할 수 있는 대안인 동시에 새롭게 노동자를 조직할 수 있는 형태로 노동자생산협동조합에 관심을 갖기 시작했고, 그 결과 의류 제조업 지역 노조 중심으로 노동자협동조합을 시도했다.

그러나 당시 생산공동체들은 많은 한계를 갖고 있었다. 봉제의 경우 업종자체가 갖는 사양산업으로서의 한계, 낮은 임가공 중심의 사업 운영으로 인한 수익 창출의 한계, 경영 능력 및 자본 조달의 한계 등이 공통적으로 겪는 어려움이었다. 이를 극복하고자 봉제협동공동협의체를 구성하고 독자 브랜드와 유통구조를 마련하는 노력을 기울이기도 했으나, 이 역시 운전자금의 한계로 난관에 직면했다. 건설업의 경우도 자본 조달 능력의 한계, 전문기술 인력의 부족으로 인한 하자 발생과 공기 지연 등 힘든 고비가 계속 반복해서 찾아왔다.

이러한 상황에서 운동 주체들은 봉제와 건설 노동 등 사양산업에 집중된 구조를 바꾸고 시장 조건과 주체에 맞는 업종을 고민하기 시작했다. 여기에 더해 초기의 생산공동체운동이 한국 사회에서 자리 잡도록 하기 위해 사회적 지원을 어떻게 끌어낼 것인가를 고민했다. 그리하여 업종 문제와 관련해서는 서비스업 진출에 대한 검토가 이루어지고, 일본의 노동자협동조합연합회와 교류를 통해 청소용역협동조합이나 빌딩관리협동조합 사례를 구체적으로 연구하면서 청소용역협동조합을 시도하기도 했다. 이외에도 도시락, 출장 뷔페, 세탁업 등 새로운 업종들에서 협동조합을 시도했다.

한편 이러한 운동이 처한 자원 부족 문제를 해결하기 위해 사회적 지원을 확대하려는 노력이 1990년대 중반부터 이루어졌다. 1994년 KDI(한국개발연구원)에서 생산공동체운동을 빈곤 계층의 한국적인 자구적 탈빈곤운동 모델로 연구했고, 1995년 한국보건사회연구원에서는 「저소득층 실태 변화와 정책

과제 - 자활 지원을 중심으로」(한국보건사회연구원, 김용하 외)라는 보고서를 제출했으며, 이 과정에 참여했던 운동 주체들은 공동체운동의 지원을 정부에 요구했다. 이 같은 아이디어는 1996년 김영삼 정부가 설치한 국민복지기획단과 복지부에서 검토되어 전국에 5개의 자활지원센터를 설치, 운영하는 결실로 맺어졌다.

자활지원사업의 제도화와 자활공동체, 그리고 사회적 기업

이에 따라 순수하게 민간 차원의 운동으로 전개되던 생산공동체운동이 처음으로 자활지원사업으로 제도화되는 길을 밟았다. 당시 자활지원센터에는 상근 활동가들의 인건비와 사업비가 지원되었다. 생산공동체의 초기 창업 과정에 필요한 자본을 생업자금 융자로 지원받는 등 제도적 차원의 지원이 가능해짐으로써 생산공동체운동은 새로운 활기를 얻었다. 그러나 생산공동체들은 여전히 시장경쟁력이 취약한 빈곤 계층의 경영 능력, 기술 수준, 마케팅, 자금 조달 등의 한계를 극복하지 못했기 때문에 몇 개의 사업장을 제외하고 계속해서 어려움을 겪어야 했다.

빈곤 계층의 생산공동체운동에서 방향 전환의 계기가 만들어진 것은 1997년 외환위기 때였다. 외환위기로 대량 실업이 발생한 상황에 대처하기 위해 공공근로 민간위탁사업이 실시되고, 이 과정에서 전국의 실업 관련 단체가 생산공동체운동에 많이 참여했다.

생산공동체운동의 주체들과 실업운동 진영은 외환위기 이전의 생산공동체운동에서 얻은 경험과 외환위기 이후 실업 극복을 위한 공공근로 민간위탁사업, 특별취로사업, 실업극복국민운동본부 제안사업을 통해 무료간병인사업, 재활용사업 등 사회적 일자리 창출운동을 전개하면서 좀 더 안정적인 일자리를 창출하기 위한 경험을 축적했다. 또한 이러한 운동에 연관된 연구자들과 시민사회 단체들은 경기가 회복된 뒤에도 저소득 장기 실업자들을 위한 사회 안전망 강화와 사회적 일자리 창출을 주된 요구사항으로 설정하고 제도화를 위한 연구를 진행하는 것과 동시에 그러한 요구를 이뤄내기 위한 투쟁을 함께 전개했다.

이러한 상황에서 정부는 1999년 '국민기초생활보장법'을 제정했다. 국민기초생활보장법을 통해 기존의 생활보호법이 노동능력이 없는 빈곤층을 선정 기준으로 삼았던 것에서 탈피하여 연령 제한 규정을 철폐하고, 대신 노동능력이 있는 조건부 수급권자들에게 조건 부과를 전제로 생계비를 지급하고 자활을 지원하는 것을 골자로 한 자활지원정책이 제도화되었다.

자활지원사업을 포함한 국민기초생활보장법이 제정됨으로써 기존의 자활지원센터는 '자활후견기관'으로 명칭이 바뀌고 20여 개의 센터는 2000년 70개로, 2001년 상반기에 157개로 확대되었으며, 2010년 247개에 이르고 있다. 그리고 많은 민간 실업 단체는 후견기관을 위탁, 운영하는 과정을 통해 중심 활동축을 제도화된 자활지원사업으로 이동시켰다. 이에 따라 자활사업의 주된 대상은 장기 실업자나 차상위 계층에서 조건부 수급권자로 변화되었다.

국민기초생활보장제도 안으로 편입되면서 자활지원사업은 자활 근로를 매개로 확대되었다. 자활지원사업의 주요 업종은 공공근로사업 당시에 많은 호응을 받았던 저소득층 주거개선사업, 복지간병사업, 자원재활용사업 등이었다. 이러한 사업들은 취약한 지역사회 서비스를 강화할 목적으로 제공된 무료 서비스라는 공통점을 갖고 있다.

이처럼 자활 근로는 수익보다는 필요한 서비스를 개발하는 '공익형'과 시장 진입을 목적으로 수익 창출을 꾀하는 창업형인 '시장형'으로 분화되었고, '시장형'은 다시 '시장 진입형'과 '사회적 일자리형'으로 발전되었다. 2002년부터 자활지원사업의 주요 사업이 '5대 표준화 자활사업'으로 특화되면서

〈표 6-1〉 5대 표준화 자활사업 추진 현황(2009. 12. 31. 기준)

	집수리	간병	청소	폐자원 활용	음식물 재활용	계
사업단 수	203	174	240	83	4	704

공익형과 시장형 모두 상대적으로 대규모화되고 있다. 소자본 창업형의 자활
공동체도 여전히 설립되고 있기는 하지만 점차 줄어들고 있다.

2010년 현재 자활지원센터를 통해 만들어진 자활공동체(기존의 생산공동체를
이렇게 바꿔 부르고 있다)는 1,164개이고, 여기에 참여하는 인원은 9,438명이다.
1인당 월평균 소득은 80만 원이다.

생산공동체운동은 독립적이고 자조적인 운동으로 시작하여 정부의 지원을
받는 자활공동체운동으로 성격이 바뀌었다. 최근 들어 이 운동을 통해 자리
를 잡기 시작한 회사들은 '사회적 기업'으로 등록하는 것이 추세가 되었다.
2010년 7월 기준으로 지역자활지원센터에서 인증받은 사회적 기업의 수는
78개에 이른다.

대안기업운동의 활성화

2000년 2월 노동자기업인수지원센터와 자활후견기관협회가 공동으로 '생
산협동조합의 사회적 역할과 네트워크'라는 주제로 〈생산공동체, 협동조합 학
교〉를 열었다. 여기에 모인 생산공동체 및 노동자생산협동조합 대표들이 중심
이 되어 노동자협동조합연합회를 만들었다. 이 연합회는 초기의 생산공동체운
동이 자활지원사업으로 변화하는 과정에서 정부 지원을 받지 않고 별도의 자
주적인 노동자협동조합의 성격을 유지하려는 회사들로 구성되었다.

2007년 10월 이들과 재활용 및 집수리 분야의 생산공동체들, 그리고 대안

<표 6-2> 대안기업연합회 회원 업체 추이(2009년 기준)

	2000	2004	2005	2007	2009
업체 수(개)	11	7	9	37	101
연합형태	노협 네트워크	노협연합회		대안기업연합회	

<표 6-3> 대안기업연합회 사업 현황(2009년 기준)

기업 명	업체 수(개)	고용 인원(명)		매출액(억 원)	
		전체	업체당	전체	업체당
한국청소대안기업연합회	18	704	39	93	5.2
재활용대안기업연합회	16	600	38	130	8.1
한국주거복지협회	50	150	3	150	3.0
우렁각시	17	400	24	20	1.2
개별적 대안 기업	4	130	33	177	44.3
합계	101	1,854	18.4	393	3.9

적 가치를 추구하는 젊은 기업들이 모여 '대안기업연합회'를 발족했다. 여기
에는 18개의 청소기업들로 이루어진 '한국청소대안기업연합회', 16개의 재활
용기관으로 이루어진 '재활용대안기업연합회', 50개의 집수리기업들로 이루
어진 '한국주거복지협회', 17개의 홈케어 서비스기업으로 이루어진 '전국여
성가사사업단 우렁각시' 등 부문별 조직이 갖춰졌다. 이 밖에 어느 부문에도
속하지 않는 4개의 개별적 대안 기업들이 회원으로 가입되어 있었다.

2011년 현재 대안기업연합회 소속의 기업 수는 2009년에 비해 크게 늘어
났다. 청소기업은 23개로, 집수리기업은 80개로 늘어났고, 전체 소속 기업의

총수는 140개에 이른다. 대안기업연합회 소속의 회원 업체들 또한 자활지원 사업에 소속된 자활공동체들과 마찬가지로 사회적 기업으로 인증을 받고 싶어 한다. 2011년 현재까지 사회적 기업으로 인증된 기업은 청소업체 20개, 재활용업체 14개, 집수리업체 6개, 우렁각시에 소속된 기업 19개, 개별 기업 4개 중 2개 등, 총 61개이다.

1997년 금융위기 이후 2002년까지 전개된 노동자기업인수운동

노동자들의 기업 인수 과정

1997년 외환위기가 터지면서 기업의 도산과 실업 증가가 전 사회를 뒤덮었다. 특히 안타까웠던 것은 흑자 부도가 상당히 많았다는 사실인데, 공장 자체의 경영 수지는 정상적이었으나 이러저러한 상황 때문에 자금 압박을 받고 도산한 회사들이 많았다. 결국 이로 인해 노동자들은 일자리를 잃고 거리를 배회해야 했다. 이들이 일자리를 유지할 수 있는 방법은 자신이 다니던 회사를 인수하는 것이었다.

1997년 말 (사)한국협동조합연구소 부설로 '노동자기업인수지원센터'가 만들어졌다. 필자는 이 센터에서 5년간 대표로 일했는데, 노동자들이 기업을 인수하는 과정에서 자문이 필요할 때 도움말을 제공하는 것이 주요 업무였다. 1998~1999년까지 2년간이 활동의 절정기였다. 그 상황은 〈표 6-4〉에 정리해놓았다. 노동자들이 기업을 인수하는 원인을 살펴보면 〈표 6-6〉과 같다.

노동자들이 기업을 인수하는 데 필요한 자금원은 대부분 체불임금과 퇴직금이었는데, 자체 조달(자신이 갖고 있는 보유 자금 또는 개인 대출 등)한 경우도 상당수 있었다. 이들은 일자리를 유지하기 위해 공장 기계를 뜯어 가려는 채권자

<표 6-4> 1998~1999년 10월까지 노동자 기업 인수 현황

노동자기업인수센터의 지원 업체	외부 파악 업체*	계
127개 업체 (제조업 78개, 비제조업 49개)	6개 업체 (제조업 5개, 비제조업 1개)	133개 업체

* 외부 파악 업체: 노조·언론 보도 등을 통해 파악한 업체를 의미함

<표 6-5> 노동자기업인수지원센터가 지원한 업체 중 인수 업체 비율(1998~1999. 10)

구분	인수 업체	경영 참여로 선회	인수 무산	계
업체 수(개)	104	10	13	127
비율(%)	81.9	7.9	10.2	100

<표 6-6> 노동자 기업 인수(인수 무산 등 제외)의 원인별 분류(1998~1999. 10)

인수의 원인	업체 수(개)	비율(%)	비고
기업의 부도	62	59.6	미분류 13개 업체는 1999년 10월 현재 신규 회사의 설립 및 자산 인수 계약의 체결 등으로 신규 인수 업체로 분류된 것임
분사	15	14.4	
퇴출 또는 청산	3	2.9	
기타	11	10.6	
미분류	13	12.5	
합계	104	100	

들에 맞서 일단 공장 문을 걸어 잠그고, 채권단, 재료 구입처, 판매처들과 협상을 진행했다. 협상에서는 회사 전체 자산을 인수한 경우보다 설비 사용권을 확보하거나 신규 법인을 설립한 경우가 압도적으로 많았다. 법인을 신규로 설립할 때 노동자들은 노동자생산협동조합의 원리를 응용했다. 노동자들은 집에 있는 결혼 예물까지 팔아야 겨우 자본금과 약간의 운전자금을 마련할 수 있었는데, 이는 실로 눈물겨운 과정이었다.

노동자기업인수지원센터는 노동자가 인수한 기업에 대한 정부 지원을 이끌어내기 위해 당시 최초로 구성된 노사정위원회에 대표를 파견했다. 1998년 제2기 노사정위원회에서 "부도 기업의 노동자 인수를 지원하는 것은 실업 문제에 대한 효과적 대처 방안(또는 고용 안정 효과)이 될 수 있다"는 노사정 삼자의 공감대가 형성된 결과, '노동자 인수 기업 및 경영자 인수 기업에 대한 지원 대책 합의문'을 채택했다. 노사정위원회의 노동자 기업 인수와 관련된 합의와는 별도로, 제2기 노사정위원회의 '우리사주조합 활성화 관련 합의문'에 기초한 우리사주제도 개선에 관한 논의 과정에서 우리사주조합을 통한 노동자의 기업 인수가 소유·경영구조의 선진화, 생산성 향상 등 제도의 취지를 도모할 뿐만 아니라 적극적인 기업 구제 수단과 실업 대책이 될 수 있다는 공감대가 이루어져 '근로자의 기업 인수 지원'에 대한 규정이 신설(근로자복지기본법 제42조)되었다.

하지만 노사정 합의에 상응하는 정부의 구체적인 지원 대책 및 근로자복지기본법의 규정에도 불구하고 지원 내용은 실효성이 거의 없었다. 노사정 합의의 결과에 따라 마련된 노동부의 지원 대책도 대부분 실효성이 없는 것으로 드러났다. 그나마 실효성이 있었던 지원은 '고용유지지원금 특별 지원'(한시적 지원, 노동부 소관 사항)과 '특별경영안정자금 대출'(중소기업청 소관)이었으나, 이조차도 노동자기업인수지원센터가 지원한 업체 가운데 '고용유지지원금'

을 받은 곳은 없었고, 오직 한 개 업체만 '특별경영안정자금'을 대출(르비앙 전자 1억 원) 받는 것에 그쳤다.

노동자기업인수지원센터가 기업 인수를 지원한 업체(127개 업체) 중 인수를 완료하여 노동자 인수 기업으로 전환된 104개 업체에서 일부 기업을 제외하고 대부분 경영 정상화에 성공했다. 노동자들이 인수한 기업은 대체로 한계 기업이었음에도 불구하고 2년간 높은 생존율을 보여주었다. 특히 만도맵앤소프트(1998년 12월 인수, 2001 벤처기업 대상 중 '중기청장상' 수상)와 천지테크(1998년 6월 인수, KEY SET 등 자동차 부품 생산업체) 등은 우량 기업으로 변신하는 데 성공했다.

노동자 인수 기업의 실패 사례

하지만 노동자 인수 기업은 시간이 지날수록 노동자생산협동조합의 성격을 유지하기보다는 그냥 평범한 회사로 바뀌어갔고, 사업적 측면에서도 실패하는 경우가 많아졌다. 대표적인 실패 사례를 살펴보자.

① OO운수(주)

서울에 소재한 시내버스업체로, 부채가 자산을 초과하는 상태(1998년 9월 기준: 자산 54억 8,300만 원/부채 95억 5,700만 원/자본금 7억 3,600만 원)가 지속되자 자금 압박에 몰린 전 사업주가 경영을 포기한다는 조건하에 노동자들이 회사를 인수했다. 그러나 악성 부채 등 부채 조정이 필요한 상황에서 부채 모두를 승계하는 주식인수 방식으로 1998년 11월 2일 인수 계약을 체결했고, 그 뒤 새로운 자금 압박에 시달리다가 결국 견디지 못하고 △△운수에 매각되었다.

② OO타월

청주에 소재한 기업으로, 타월 생산업체인 (주)프린스가 1996년 초 부도를 맞자 노동자들이 1996년 9월 백상타올 법인을 설립하고 자신들의 체불임금과 은행 차입으로 1996년 말(혹은 1997년 초) 경매에 참가해 공장을 인수해 운영해왔다. 공장 인수에 들어간 자금에서 13억 원이 은행 차입으로 마련되었기 때문에 노동자들의 임금 조정 등을 통해 비용을 절감하는 내부 결정이 내려졌다. 우수한 품질을 바탕으로 호텔 납품과 관급 입찰을 따내고 일본과 미국에 판로 개척을 추진하면서 매출 신장을 모색하는 적극적인 영업을 전개했다. 그러나 경영이 안전 궤도에 완전히 진입하기도 전에 2000년 초 어음 결제를 하지 못해 결국 기업 활동을 멈출 수밖에 없었다. 당시 부도의 원인은 기업 재무의 실책에서 비롯되었다. 고정부채가 많았던 회사가 불안정한 타기업에게 자금을 빌려주었다가 그 기업의 부도로 자금 회수가 이루어지지 않자, 유동성 압박으로 부도를 맞게 되었다.

③ OO전자(주)

경기도 화성에 소재한(2003년에 경기도 이천으로 공장 이전) 소형 가전제품(가습기, 선풍기, 토스터 등) 생산업체로, 이전 기업인 제일가전(주)의 부도 및 그 청산 과정에서 1999년 1월 신규 법인을 설립하고 1999년 4월 경매에 참가하여 공장을 인수했다. 그러나 공장을 인수할 당시 노동자 개개인의 대출에 의존한 자금 조달 등으로 초기부터 운영자금의 압박을 받았다. 게다가 제일가전(주)의 부도와 동시에 삼성전자에 대한 OEM 납품 관계의 미복구(제일가전 당시 매출액의 90% 차지)로 인해 악화된 시장 환경이 지속되어 결국 2001년 10월 물류 전문 업체인 (주)BDK에 매각되었다.

④ OO개발과 OO캐스팅

시설 관리 용역업을 수행하는 OO개발과 자동차 부품을 생산하는 OO캐스팅은 업종 성격이 현저하게 다를 뿐만 아니라 노동자들의 기업 인수 과정도 달랐다. 먼저 OO개발의 경우 노동조합이 기존 회사의 태릉선수촌 시설 관리 용역 업무를 계속 수행하려는 목적에서 설립한 회사였는데, 이는 이전 회사가 시설 관리를 담당하던 부서를 폐지하고 외주 처리를 하려는 경영계획에 반대했기 때문이었다. 반면 OO캐스팅은 부도난 기업을 경영진과 노동자들이 자신들의 체불임금과 퇴직금을 이용해 인수한 기업이었다.

두 기업 모두 조직의 비민주적 운영이 실패의 주된 원인으로 작용했다. OO개발은 회사 설립을 주도했던 노동조합의 몇몇 간부들이 조합원들과의 약속을 어기고 회사 지분을 독점하려 했고, 이 과정에서 경영진에 대한 조합원들의 내부 불신이 깊어지고 가처분 신청이 이루어지는 등 내부 다툼이 발생했다. 결국 회사의 안정적 운영이 어려워지자 회사 설립 1년만에 제3자 매각을 결정하게 되었다. OO캐스팅의 경우 인수 과정에 참여했던 회사의 경영진(노동자들이 설립한 회사의 대표)이 노동자들을 배제하고 외부인과 결합하여 회사를 독식하려고 했던 계획이 드러나면서 와해되었다. 구체적으로는 경매 참가를 앞두고 자금을 조달하는 계획과 생산계획을 수립하는 과정에서 대표이사의 불투명한 의사표시와 은밀하게 이루어지는 외부인들과의 빈번한 접촉이 노동자들의 불신을 조장했다. 당시 대표이사가 기술 개발 및 원청 기업과의 관계에서 열쇠를 쥐고 있는 상황이었기 때문에 그를 배제한 채 현장 노동자들만으로 기업을 운영하는 것은 한계가 있었고, 이런 상황을 감안하여 노동자들은 기업을 포기했다.

⑤ OO정밀

도어클로저를 생산하는 회사가 1997년 6월 부도가 나자 다음 달인 7월에 노동자 9명(조합원 5명과 비조합원 4명으로 구성)을 공동대표로 하는 개인기업으로

〈표 6-7〉 노동자기업인수지원센터의 지원 현황(1999년 말 기준, 주요한 것만 정리)

	업체 명	전(前) 업체 명	업종	지역	설립/인수	성격	고용유지
1	(주)OO매일신문	(주)경남매일	일간지	창원	99.1 인수	부도 후 재창립	135/50
2	(주)OOOO식품산업	(주)고려인삼수출산업	인삼 가공	춘천	98.6 설립	부도 기업 인수	50/일시
3	(주)OO폼	(주)서울프라스틱	단열재	화성	98.9 설립	부도 기업 인수	100/40
4	OO플라자	공무원연금매장	레저, 매장	전국	99.1 인수	폐쇄사업부 인수	202/200
5	OO정밀	(주)대송정밀	자동차 부품	대구	98.2 설립	부도 기업 인수	35/30
6	(주)OO산업	(주)대신공업	자동차 부품	사천	98.4 설립	부도 기업 인수	80/40
7	(주)OO산업	(주)호주산업	프레스 가공	경주	98.8 설립	부도 기업 인수	30/30
8	OO브랜디		배관 자재	김해	98.8 설립	부도 기업 인수	19/19
9	(주)OO엔지니어링	(주)동아엔지니어링	설계, 감리	서울	99.1 인수	청산 기업 인수 - 무산	400/90
10	(주)OO섬유	(주)영진테크섬유사업부	섬유	서울	98.7 설립	부도 기업 사업부 인수	300/300
11	(주)OO프로덕션	(주)동화프로덕션	방송 제작	서울	98.8 인수	부도 위기 시 인수	12/12
12	(주)OO전자	(주)로얄전자공업	밧데리 충전기	부산	98.7 설립	부도 기업 인수	28/10
13	(주)OO제과	(주)리리제과	제과	천안	99. 중	부도 기업 인수 - 경매 실패	150/40
14	(주)OO상사	(주)범아공사	화물 검수	부산	98.7 설립	부도 기업 인수	300/296
15	OO매일신문	부산매일	일간지	부산	99. 중	부도 기업 인수 - 무산	226/70
16	(주)OOO개발	태릉선수촌시설관리	시설관리 용역	서울	98.11 설립	폐쇄사업부 인수	63/80
17	OO정밀	(주)삼화정밀	도어클로저	양주	97.7 설립	부도 기업 인수 - 경매 실패	105/85

18	OO레드믹스	(주)한양레미콘사업부	레미콘	의정부	98.6 설립	폐쇄사업부 인수	50/50
19	(주)OO기계	(주)LG전선냉동기부	소형 냉동기	군포	98.11 설립	폐쇄사업부 인수	5/5
20	(주)OO특수공예사	(주)신진특수공예사	민속공예품	서울	96.8 설립	부도 기업 인수	10/5
21	(주)OOO특수전선	(주)엔케이특수전선	특수전선	송탄	99.4 인수	부도 기업 인수 – 미확인	55/55
22	(주)OO진	(주)영진테크전자사업부	열슈트튜브	용인	98.8 설립	부도 기업 인수 – 영업 중단	20/18
23	OOOO소프트	(주)만도기계연구소	네비게이션	서울	98.12 설립	분사 기업 인수	14/14
24	(주)O전	(주)디지산업	철구, 빌렛	옥천	98.9 설립	부도 기업 인수 – 경영진 변화	72/42
25	OO튜브	(주)수생기공	중장비 부품	김해	98.3 설립	부도 기업 인수	65/40
26	(주)O화	(주)유화	폐기물 처리	울산	98.12 인수	부도 기업 인수	46/46
27	OOOO병원	세광병원	종합병원	인천	98.10 인수	3자 인수 +경영 참가	120/105
28	OOO전자	(주)제일가전	가전제품	화성	98.4 설립	부도 기업 인수	150/74
29	OOO정보기술	(주)조흥시스템	금융S/W 개발	서울	99.1 예정	조합원 공동창업	65/40
30	(주)OO라	(주)동선특수재료	전선피복	안산	98.12 설립	부도 기업 인수 – 무산	30/11
31	(주)OO텍	(주)피엔텍	제지, 종이팩	천안	99.1 예정	부도 기업 인수	100/80
32	(주)OO배지	(주)코리아메디아	세균 배양기	분당	98.11 설립	부도 기업 인수	34/20
33	(주)OOOO캐스팅	(주)대림정밀	자동차 부품	인천	98.7 설립	부도 기업 인수 – 무산	57/16
34	(주)OO패션	(주)거평패션사업부	여성 속옷	서울	98.3 설립	폐쇄사업부 인수	27/30
35	(주)OO머시너리	(주)한양중기사업부	중장비 임대	서울	98.10 설립	폐쇄사업부 인수	173/173

설립되었다. 국내시장의 50% 이상을 점유하고, 외국에서도 브랜드 인지도가 높았던 OO정밀의 부도는 무리한 차입을 시도한 결과였다. 차입한 자금이 생산에 투여되지 않았던 까닭에 당시 노동조합은 경영진이 고의로 낸 부도라고 의심했다. 임금 삭감과 순환 노동 등을 통해 고용을 유지했던 OO정밀은 조합원들의 합의에 기초하여 1999년 공장 경매에 참가하는 것을 결정하고 법인으로 전환하면서 자금 조달을 위해 은행과 실무 접촉을 벌였다. 그러나 공장은 제3자를 내세워 경매에 참가한 OO정밀의 전 사주에게 넘어가고, 여기에 주도적으로 참여했던 노동자들은 '고용안정협약'을 체결하고 회사를 포기할 수밖에 없었다.

노동자의 기업 인수가 갖는 의의와 한계

2000년 들어 노동자들의 기업 인수는 공기업 부분으로 이전하는 현상을 보였다. 외환위기 이후 공기업의 경영 혁신과 민영화 과정은 지분 매각과 사업부를 분사하는 방식으로 이루어졌다. 이 과정에서 노동조합은 경영진 일부와 함께 분사하는 사업부를 인수하기 위해 신규 회사를 설립하는 데 출자자로 참여하고 노동자의 지위를 유지했다. 이런 형태로 노동자들이 기업을 인수한 경우는 '상록회관'이 대표적이다. 지분 매각에 대응해 노동조합이 중심이 되어 기업 인수를 타진한 대표적인 사례는 한전기술 노조를 들 수 있다. 당시 두산그룹에 지분 매각을 검토한 한전기술은 알짜 기업이었으며, 조합원들 대부분이 핵심 기술 인력으로서 사업을 추진하기 위한 주요 요소를 노조 스스로 갖추고 있던 상황이었다. 퇴직금 총액 역시 상당한 금액이어서 노조 스스로 기업 인수에 자신감을 갖고 있었다. 두산그룹에 지분을 매각하는 것을 반대하고 노동자들에게 기업을 인수할 것을 요구하며 보낸 시간이 무려 1년이었다. 결과적으로 노조의 기업 인수는 무산되었으나, 노조는 이 과정을 통해 두산그룹에 지분을 넘기려던 애초 계획을 저지하는 성과를 남겼다.

1998~1999년에 진행되었던 노동자들의 기업 인수와 비교해 2000년대 들어 시도되었던 노동자들의 기업 인수는 몇 가지 특성을 보인다. 첫째 더 커진 기업 규모, 둘째 알짜 기업이라는 점, 셋째 노동자들의 지불 능력과 자금 조달력 강화, 넷째 다양한 기업 인수 방식의 검토와 전문적 접근 등이다.

되돌아보건대 노동자기업인수운동은 노동자생산협동조합운동으로 전진하는 데까지는 실패했다. 그것은 당시 고용 불안이 야기한 자연 발생적 노동자 기업 인수의 한계를 그대로 갖고 있었다. 당시 노동자가 기업을 사들이는 주체로 등장한 것은 특별히 계획되거나 준비된 행위가 아니었다. 고용 불안과 경제적 불안정이라는 상황 속에서 노동자들이 선택할 수 있는 가장 적극적인 방식이었을 뿐이었다. 이런 이유로 경영상의 실책이나 내부 갈등이 그대로 드러났을 뿐만 아니라, 기업의 유지나 존속 면에서도 불안정한 상태를 보였다. 또한 노동자들이 기업을 인수하는 흐름을 뒷받침할 사회적 지원이나 관계망이 미처 확보되지 못했으므로 개별 주체의 능력에 따라 기업 인수의 성패가 갈리는 상황이었다. 하지만 이러한 운동을 통해 1990년대 초반부터 소수의 노동조합에서만 논의되던 노동조합의 경영 참가 문제가 본격적으로 다뤄지는 계기가 되었다. 사실 그 이전에는 노동자의 경영 참가를 두고 자본이 노동자를 포섭하는 전략이라는 인식이 강하게 부각된 측면이 있었다.

또한 당시의 시도는 사회적 관계에 기초한 노동자들의 기업 인수 중요성을 시사해주기도 했다. 노동자가 기업 인수를 검토하는 직접적인 이유는 고용 불안에 있었지만, 이를 성공시키기 위해서는 사업 전략과 경영 능력이 뒷받침되지 않으면 안 된다. 자원 동원력이나 경영 지식이 취약한 노동자들에게 그 부족한 부분을 메꿔줄 외부의 우호적인 환경이 조성되어 있지 않기에 확실한 원청 관계를 맺은 기업들을 제외하고는 그 무엇도 노동자가 인수한 기업을 지지해줄 만한 기반이 없었다.

3~4년간 휘몰아쳤던 노동자 기업 인수의 회오리는 2002년 들어 잦아들었다. 경기는 다시 회복되었고 IT붐을 업고 새로운 일자리 수가 점차 늘어났다. (물론 일시적인 현상이었지만) 더 이상 흑자 부도로 무너지는 회사도 없었다. 흑자 부도가 아닌 일반 부도의 경우 노동자들이 손을 대기에는 너무 위험한 상태의 기업들이 대부분이었다.

2002년 들어 노동자기업인수지원센터는 당시 막 설립되고 있던 사회적 기업들을 지원하는 업무로 주요 과제를 전환하였다.

사회적 기업

2010년 말 현재 한국에는 무려 501개의 인증된 사회적 기업이 존재한다. 이것은 1999년 '국민기초생활보장법'이 만들어진 이후, 고실업사회에 대한 대응으로 2003년부터 시작된 사회적 일자리 창출사업에서 본격화되었다. 거의 모든 시민사회 단체가 사회적 일자리 창출에 참여했는데, 이는 고용 문제가 한국 사회에서 가장 중심적 화두가 되었다는 것을 의미한다. 3년 정도 지난 뒤 정부는 이러한 흐름을 더욱 확대재생산한다는 취지에서 '사회적기업육성법'을 제정했다. 이 법에 의거해 어떤 기업이 사회적 기업으로 인증받으면 사회적 일자리를 정부로부터 위탁받을 수 있는 공식적인 기회가 마련되었다. 이는 소규모 기업들에게는 고용 확대를 위한 정부의 간접 지원으로 인식되고 있다.

자활공동체운동이나 대안기업운동의 흐름에 동참한 회사들 대부분이 사회적 기업으로 인증받고 싶어 한다는 점은 앞에서도 이야기한 바 있다. 회사들이 사회적 기업으로 인증받으려는 데는 그를 통해 얻을 수 있는 사업적 이점 외에 한 가지 이유가 더 있다. 즉 한국에는 노동자생산협동조합법이 존재하지 않기 때문에 일반 기업과 다른 자기들만의 정체성 정립을 이 통로를 통해 해결하려고 하는 것이다.

현재 존재하는 사회적 기업들을 9개의 유형으로 분류한 장종익의 연구에 따르면 이 가운데 3개 유형이 노동자협동조합형 사회적 기업에 포함되는데, 그 수는 대략 260개이며, 전체 사회적 기업의 약 51%를 차지하는 것으로 집계되었다. 260군데 중 자활공동체로 시작하여 인증된 기업은 78개, 대안기업연합회 소속의 기업 61개 등 모두 139개가 있다. 이들을 제외하고도 약 120여 개의 사회적 기업이 노동자협동조합형으로 분류된다.

한국에서 사회적 기업은 2010년 지방선거가 끝난 뒤 다시 한번 전국적으로 확대될 조짐을 보이고 있다. 사회적 기업 지원 및 육성을 위한 조례 개정이 6개 광역시도와 66개 기초자치단체에서 진행되었다. 지방자치단체에서 구체적인 정책 방향이 나오려면 시간이 더 필요하겠지만, 향후 사회적 기업이 더 큰 흐름이 되리라는 점만은 명확해 보인다.

사회적 기업의 절반 가까이가 노동자협동조합형으로 조직되고 있다는 사실을 염두에 둔다면 이후 노동자협동조합운동이 이 흐름을 무시할 수 없다는 점 또한 확실하다. 어떠한 방식으로 접근해야 할지 본격적으로 고민해야 될 때가 온 것이다.

원주 지역의 새로운 시도

"몬드라곤처럼 그 지역만의 역량을 동원하고 결집하여 23명으로 구성된

지학순과 장일순 | 1940년대 스페인 몬드라곤에 호세 마리아 아리스멘디아리에타 신부가 있었다면, 1960년대 한국의 원주에는 지학순 신부와 장일순 생명사상가가 있었다. 지학순 신부와 장일순 생명사상가는 원주를 협동조합의 도시로 키워내는 데 큰 역할을 했다.

위 사진은 돈 호세 마리아 신부, 아래 왼쪽은 박정희 유신 독재에 저항해 수감되었다가 출감한 지학순 신부가 명동성당에서 감사기도를 올리는 모습, 오른쪽은 생명사상가 장일순이다.

협동조합 원조 도시, 원주 | 원주는 소비자생활협동조합운동과 신용협동조합운동이 탄생한 곳으로, 한국 협동조합운동
사에서 중요한 위치를 차지하고 있다. 현재 원주에는 협동과 연대의 원리에 의한 '원주협동사회경제네트워크'가
조직되어 활동하고 있다.
위 사진은 원주 의료생협이 들어서 있는 밝음신용협동조합 건물이고, 아래 사진은 노숙인과 극빈자를 대상으로
예금 및 대출을 해주고 자활을 지원하는 갈거리협동조합이다.

조그마한 노동자생산협동조합을 세계적인 다국적 협동조합으로 키워낼 가능성이 있는 지역을 한국에서 찾는다면 어디인가?"라고 내게 묻는다면, 나는 조금도 주저하지 않고 "원주입니다"라고 대답할 것이다. 원주는 스페인 바스크의 몬드라곤 시보다 훨씬 큰 도시이고 지금도 계속 커나가고 있지만, 한국의 협동조합운동가들에게는 언제나 마음의 고향과 같은 곳이다.

원주는 한국 소비자생활협동조합의 발상지다. 생활협동조합의 모태가 된 '한살림' 협동조합운동이 여기에서 시작되었고, 1960년대 민간 협동조합운동으로 출발한 신용협동조합운동의 중요 지도자들을 배출한 곳이기도 하다. 1940년대 스페인 몬드라곤에 호세 마리아 아리스멘디아리에타 신부가 있었다면, 1960년대 한국의 원주에는 지학순 신부와 장일순이라는 생명사상가가 있었다.

10여 년 전부터 원주의 협동조합주의자들은 '협동조합 원조 도시, 원주'라는 명성에 만족하지 않고 한국 협동조합운동의 발전에 영향을 미칠 새로운 실험을 시작했다. 그것은 바로 '이종異種 협동조합 간 연대에 의한 지역공동체운동'이다. 2003년 이들은 원주에 소재한 8개의 협동조합 조직을 묶어 '원주협동조합운동협의회'를 발족했다. 2009년 이 단체의 이름은 '원주협동사회경제네트워크'로 바뀌었는데, 2011년 현재 17개의 지역 내 단체가 참여하고 있다. 이들은 다시 소속 단체를 포함하여 총 22개 조직으로 '원주 지역 사회경제 블록화사업'을 진행하기 시작했는데, 지금은 참가 단체 및 기업이 총 29곳으로 늘어났다.

그 구성을 살펴보면,

- 농업 가공·유통 부문 : 9곳
- 소비자생활협동조합 부문 : 5곳
- 협동조합 형태 : 12개
- 영농조합 법인 : 2개

- 사회 서비스 부문 : 5곳
- 교육 부문 : 3곳
- 신용협동조합 부문 : 3곳
- 문화 부문 : 2곳
- 환경·생태 부문 : 2곳

- 협동조합 지향 : 4개
- 사회적 기업 : 9개

이들 가운데 신용협동조합을 제외한 사업조직은 총 16곳이고, 2010년 연간 매출액은 184억 2,000만 원으로 사업체당 11억 원의 매출을 올렸다. 이들 사업조직의 상위 8개 업체 평균 매출액이 20억 원, 하위 8군데 평균 매출액은 3억 원 정도로, 격차가 큰 것으로 조사되었다. 하위 8군데는 신생 기업들이라 아직 섣불리 예단할 수 없다. 이들 업체의 고용 인원은 전체 388명으로 업체당 24.3명이다.

이들은 서로 간의 협동을 통해 사업적 시너지 효과를 극대화하는 동시에 공동의 사업 모델을 개발하고 구체화시키고 있다. 대표적인 사업으로는 '사회경제 장터 개설', '협동카드 발행', '협동기금 적립' 등이 있다.

16
확대 전략

다양한 실험과 시도

한국에서 몬드라곤 스타일의 기업운동, 즉 노동자생산협동조합적 가치를 지향하는 기업운동은 막 20세의 청년기로 접어들었다. 유년기, 청소년기의 경험치고는 산전, 수전, 공중전까지 다 치르고 저변은 놀라울 정도로 확장되었다. 몇몇 예외가 있긴 하지만, 큰 흐름은 노동자협동조합형 사회적 기업으로 모아져 있는 것으로 보인다. 사회적 기업이 워낙 다양한 스펙트럼을 가지고 있고 이후 전체 판도가 어떤 식으로 전개될지 예측하기 힘들 정도로 역동적이기는 하지만, 한 가지 분명한 사실은 '고용 확대'가 가장 중요한 시대적 화두라는 사회적 공감대가 넓어질수록 이 흐름은 계속 확장될 것이라는 점이다.

개별적인 사회적 기업이 몬드라곤처럼 거대 기업으로 발전할 수도 있을 것이고 다양한 기업 집단을 형성하는 전략을 통해 몬드라곤보다 훨씬 큰 규모의 기업 집단이 등장할 수도 있다. 두 경우 모두 지금보다는 훨씬 정부로부터 자율성을 갖는 방향으로 나아갈 것이라고 본다. 원주에서 이루어지는 실험이 기업 집단으로 발전할 수도 있다. 이 책에서 살펴보지는 않았지만, 혁신적인 지방자치단체와 협력하며 지역경제순환센터 모델을 만들고 있는 원주의 마을공동체가 진행하는 회사 실험처럼 더 많은 시도가 전국 각 지역에서 일어날 것이다. 가까운 예로 한국 최대의 생활협동조합으로 성장한 아이쿱(iCOOP) 생협은 속리산 근처에 생산법인촌 설립을 계획하고 있다. 이것이 어떻게 전개되고 발전될지에 대해 많은 사람이 궁금해 하고 있다.

노동자 기업에 투자하는 펀드, ACS

이러한 시도들에 덧붙여 한 가지가 더 추가되었으면 하는 바람이 있다. 그것은 한국의 노동조합운동 또는 자본시장으로부터 시작할 수 있는 어떤 것이다. 필자는 1998년부터 5년 동안 노동자들의 기업 인수 과정을 지원하면서 '몬드라곤의 노동인민금고와 비슷한 금융 지원 시스템이 한국에도 있다면 얼마나 좋을까?' 하는 생각을 한두 번 한 게 아니다.

이러저러한 궁리를 하던 중에 필자와 노동자기업인수지원센터의 동료들은 뉴욕 월가에서 활동하는 독특한 펀드 하나에 주목했다. American Capital Strategy(ACS)라는 이름의 펀드였다. 약 1조 원 규모의 이 펀드 투자 방식이 우리의 눈길을 끌었다. ACS는 전체 투자의 40%를 미국의 중견 기업 중 노동자들이 51% 이상 지분을 확보한 노동자 기업에 투자하는 포트폴리오 전략을 갖고 있었다. 그리고 이미 노동자 기업인 경우뿐만 아니라 노동자 기업으로 전환하는 과정에도 투자를 진행했다. 펀드의 전체 수익률은 상당히 양호했다.

우리는 당시 이 펀드의 수석 부사장 아담 블루멘탈 씨를 한국에 초청하여 세 차례쯤 세미나를 열었다. 그는 노동자 기업에 대한 투자에 왜 관심을 갖게 되었는가부터 시작하여 투자 과정과 투자한 회사들이 겪는 여러 가지 문제를 설명해주었다. 특히 노동자 기업이 생산성 측면에서 어떤 강점을 갖고 있는지, 또 펀드의 주주들이 여기에 얼마나 관심을 갖고 있는지에 대해서도 상세히 이야기해주었다. 그리고 노동자 기업의 주식가격이 같은 규모의 다른 기업 주식가격보다 왜 높아질 수 있는지에 대해서도 장황하게 설명했다. 우리는 그를 공항으로 보내면서 마지막으로 질문했다. "그렇다면 한국의 노동자 기업에도 투자할 의향이 있는가?"

그는 미국 기업 이외에는 투자할 계획이 없노라고 말해서 우리를 실망시키고 돌아갔다. 당시 우리는 이 문제에 대해 더 깊이 파고들 만큼의 지식이나 역량이 부족했다. 참고로 이 펀드는 2008년 뉴욕발 금융위기를 겪으며 미국 정부로부터 공적 자금을 수혈받았다.

자본수익률과 노동자들의 집단 양심

노동자들이 기업을 경영할 때의 이점과 약점

"현대자동차 노동자들은 현대자동차를 경영할 수 있는가?"

이 질문은 이 책의 11장 '몬드라곤과 현대자동차'에서 살펴본 주제와 관련 있다. 결론부터 말하자면 "경영할 수 있다." 노동자들은 전문 경영인을 선임하여 경영진을 짜고 그들을 관리·감독하기만 하면 된다. 기술적으로도 크게 문제될 것은 없다. 궁금한 게 있으면 외부의 경영 전문가에게 조언을 구하면 된다. 조언을 해줄 사람은 많다. 하다 못해 몬드라곤 사람들한테 물어봐도 된다.

한국의 대기업들을 노동자들이 경영하게 되면 여러 가지 중요한 이점이 있다. 먼저 경영이 좀 더 투명해질 가능성이 높다. 대주주 중심의 상명하복 조직 문화는 민주적 조직 문화로 바뀔 것이다. 또한 몇 년에 한 번씩 2세에게 기업 승계를 하기 위해 벌어지는 '비자금을 활용한 불법 상속 이벤트'도 없어질 가능성이 크다. 정치 비자금은 아예 사라질 것이다. 대주주 친척이나 전직 경영자들에게 주었던 기업 내부의 이권들은 회수될 것이다. 이것들은 모두 비용 절감의 요인이 된다. 노동자들이 인수하기 이전과 이후의 매출액이 동일하다면 주식가격은 올라갈 것이다.

이뿐만 아니라 노사 관계의 구조가 바뀌므로 단체협상을 할 필요가 없어지고, 노동생산성은 훨씬 향상될 가능성이 높다. 어려움이 닥칠수록 생산성은 더 높아진다. 따라서 경기침체기에도 주식가격의 하락 폭은 다른 기업들에 비해 줄어들 수 있다. 이러한 장점은 필자가 13년 전 ACS의 수석 부사장 아담 블루멘탈 씨에게서 들은 내용이다.

물론 약점도 갖고 있다. 가장 큰 약점은 의사결정 과정이 길고 복잡해질 수 있다는 점이다. 노동자들은 일하랴 경영 공부하랴 정신없이 바쁠 것이 뻔하다. 실제 노동강도도 높아질 수 있다. 하지만 경영진을 관리·감독하는 사람들이 회사 경영에 어두워서는 곤란하기 때문에 더 바쁘게 일하고 공부하는 것은 불가피하다. 더불어 또 한 가지 약점이 있다. 만약 노동자 내부에서 갈등이 벌어진다면, 그 갈등은 기업을 인수하기 이전보다 훨씬 더 풀기 어려울 수도 있다는 점이다.

이러한 약점들을 극복하기 위해서 협동조합 문화가 매우 중요하다. 협동조합 경영 시스템은 생득적으로 이 같은 약점들에 노출되어 있는 경영 시스템이다. 이것을 극복하기 위해 수백 년간 노력해온 결실이 바로 협동조합 문화로 정립되었다. 몬드라곤 사람들에게 도움을 얻고자 한다면, 주로 이런 부분이 될 것이다.

노동자들의 집단 양심이 영향을 미치는 경영과 노동

기업의 주식가격만을 놓고 볼 때, 대기업을 노동자들이 경영하는 것이 지금보다 더 나으냐 아니냐 하는 문제는 아주 쉬운 산수 문제 같은 거다. 당연히 주식가격은 더 오를 가능성이 크다. 하지만 주식가격이 올라가는 것은 우리의 주요 관심사가 아니다. 원래의 질문을 약간 바꿔보자.

"현대자동차를 노동자들이 경영하는 것이 지금보다 고용 창출에 더 도움이 되는가?"

이 질문의 초점은, 현대자동차 5만여 노동자가 회사의 주인이 된다면 자기 임금의 절반에도 못 미치는 임금을 받고 일하는 비정규직 노동자 1만여 명을 자기와 똑같은 정규직 노동자로 전환시킬 수 있느냐에 있다.

현재의 대주주나 경영진에게 비정규직 고용 문제는 별다른 관심 사항이 아니다. 정규직 노동자에게 불이익을 주지 않고(그러지 않으면 정규직들의 심각한 저항에 부딪칠 것이다) 기업의 성장 몫만큼 비정규직을 고용하면 그만이다. 정규직을 늘림으로써 비용을 더 들이고 싶어 하지 않는다. 비정규직 문제를 바라보는 시각은 현재 임금노동자인 정규직 노동자들도 경영진과 크게 다르지 않은 것 같다.

하지만 정규직 노동자들이 회사 경영을 맡는다면 상황이 바뀔 가능성이 크다. 노동사회 전체에서 다음과 같은 요구가 빗발칠 것이다. "동일노동 동일임금! 당신들이 솔선수범하라! 그들을 당신의 동료로 받아들여라!" 이 요구를 수용하면 현대자동차 노동자들은 몬드라곤의 노동자 조합원들처럼 자신이 누리던 이익을 다소 희생해야 할지도 모른다. 하지만 이를 거부하면 한국의 노동사회에서 손가락질을 받고 고립될 것이다.

필자는 현대자동차 노동자들이 기꺼이 자신을 희생해서라도 '동일노동 동일임금'의 원칙을 세울 것이라 확신한다. 현대자동차뿐만 아니라 대부분의 노동자들이 임금노동자의 처지에서 주인으로 바뀌면 이런 태도로 바뀔 가능성이 크다고 본다. 대주주들이 자본수익률이라는 '철의 족쇄'에 묶여 있는 반면, 노동자들의 '집단 양심'은 훨씬 자유롭고 강력하게 작동할 것이기 때문이다.

노동자들의 '집단 양심'에 대한 믿음은 결코 근거 없는 이야기가 아니다. 집단 양심은 일종의 사회화된 의식이다. 노동자들은 자본과 맞서온 기나긴 시간 동안 단결을 생명으로 여겨왔다. 그들이 의존할 것은 단결 이외에는 없었다. 단결은 뭉치는 폭에 따라 발휘하는 힘이 달라진다는 사실을 노동자들은 오랜 경험을 통해 체득하고 있다. 또한 집단 양심은 그들의 노동과정에도 뿌리를 두고 있다. 집단적 노동을 할 때 서로 간의 '협력'과 '양해'는 기본 전제다. 이것이 없으면 집단 노동과정은 성립할 수 없다. 결정적으로 집단 양심은 민주주의의 발전과 깊은 관련이 있다. 예를 들어 나치즘을 압도적으로 지지했던 1930년대의 독일 국민들처럼 짧은 시간 동안은 모두 옳지 않은 결정을 할 수도 있다. 하지만 이러한 비정상적인 상황은 오래 지속될 수 없다. 더욱이 노동자들이 평소 입버릇처럼 말해온 자신들의 주장을 그 모든 노동자가 함께 뒤집는 것은 불가능하다. 그들 중 단 한 명이라도 문제 제기를 할 경우, 노동자들은 이 의견을 무시할 수 없고 결국 정당성 있는 주장에 귀 기울일 수밖에 없다.

노동자들은 현재의 비정규직을 정규직으로 전환하는 것은 물론이고 신규 고용 창출에서도 현재의 대주주들보다 훨씬 전향적인 태도를 보일 가능성이 높다. 노동자 경영의 경험이 축적될수록 이 태도는 점점 더 확고해질 것이다. 몬드라곤의 노동자 조합원들이 보여준 태도는 그들이 '특별한 인간'이기 때문이 아니라 집단 양심에 따라 움직이는 '노동자'이기 때문에 가능했던 것이 아닐까?

KCS를 제안함!

'Korean Capital Strategy', 줄여서 'KCS'가 한국 사회에 필요하다고 생각한다. 이것은 일종의 펀드로, 노동자들이 경영권을 가진 회사에 투자하거나 노동자들의 기업 인수 과정을 촉진하기 위한 것이다. 우리나라 상황에서는 후자에 대부분의 돈이 쓰일 것이다.

노동자들의 기업 인수를 통해 우리는 기업지배구조의 다양화를 촉진할 수 있다. 이보다 더 중요한 것은, 노동자들이 경영하는 기업은 고용 창출에 훨씬 적극적으로 나설 가능성이 높다는 점이다. 노동생산성은 높아지고 불필요한 비용은 줄어들 것이다. 따라서 주식가격은 이전보다 높아질 것이다. 펀드의 수익률은 여타의 기업에 투자하는 펀드보다 높을 개연성이 있다. 따라서 이런 것들이 제대로 작동하면 펀드로 유입되는 자금의 규모는 점점 커질 수 있다. 이에 비례하여 펀드의 사회적 기여도도 높아질 것이다.

그런데 두 가지 보완 장치가 필요하다. 하나는 협동조합 문화를 노동자들에게 정착시키는 것이다. 협동조합 문화는 직장 민주주의를 더욱 고도화시키고, 다수 의견에 승복하면서 위임된 권력을 존중하는 조직 문화를 자리 잡게 만들 것이다. 이런 문화가 안착되면 의사결정 시간은 많이 단축된다. 다른 하나는 노동자들에 대한 경영교육체계를 확립하는 것이다.

KCS 펀드는 주식시장에서 시작할 수도 있고 사회적 자본 형태로 시작할 수도 있다. 주식시장에서 시작한다면 그 투자 대상은 상장 기업이나 코스닥 등록 기업에 한정될 것이지만, 사회적 자본 형태로 시작한다면 사회적 기업을 비롯해 새로운 지역공동체를 시도하는 곳에도 투자할 수 있다. 시간이 얼마간 흐른 뒤에는 두 가지가 공존할 수도 있다.

이 펀드는 고용 문제를 둘러싼 노사 갈등을 해결하는 데 큰 도움이 될 것이다. 최근에 가장 뜨거운 사회적 이슈로 등장하여 논쟁을 불러일으킨 한진중공업 사태에 대해 필자의 의견을 말하면서 글을 맺으려 한다. 한진중공업 노동자들에게 이 사회가 줄 수 있는 해결책은 무엇일까? 나는 노동자들이 회사를 인수하여 직접 경영진을 선임하고 경영을 실질적으로 맡는 것이 적절한 해결책이라고 생각한다. 노동자들은 기존에 있던 회사의 모든 거품을 걷어내고 강력한 자구 노력을 통해 자신의 문제와 동료들의 문제를 해결할 수 있을 것이다. 만일 KCS가 구성된다면 노동자들에게 경영을 맡기기 위한 적대적 인수·합병이 시도될 수도 있다. 일정한 시간이 흐르면 노동자들은 자신의 일자리를 안정시키는 것은 물론이고, 오히려 일자리를 확대하기 위해 노력할 것이다. 자본수익률과 창업주 가문의 이익을 앞세워야 하는 현재의 경영진은 결코 이러한 일을 할 수 없다. 그렇다고 정부가 나서서 할 수 있는 일도 아니다.

한국의 노동자들이 가진 잠재력을 믿는다면, 그들의 집단 양심을 믿는다면, 그들에게 기업 경영의 기회를 주자! 이것이야말로 기업 차원에서 고용을 확대하는 가장 확실한 길이다. 나아가 전 사회적으로 질 좋은 고용을 확대하여 양극화 문제를 해결할 수 있는 길이기도 하다. 몬드라곤의 노동자 조합원들이 우리에게 던져주는 메시지는 바로 이것이 아닐까?

|부록|

참고문헌
추천사

참고문헌

1부 : 몬드라곤의 현황과 조직구조

Bakaikoa, Baleren, Errasti, Anjel M., & Begirristain, Agurtzane, "Governance of the Mondragon Copracion Cooperativa," *Annals of Public and Cooperative Economics* 75:1 (2004), 61~87.

Cheney, George, *Values at Work: Employee Participation Meets Market Pressures at Mondragon* (Ithaca: Cornell University Press, 1999).

Clamp, Christina A., "The Internationalzation of Mondragon," *Annals of Public and Comparative Economics* 71:4 (2000), 557~577.

Clamp, Christina A., "The Evolution of Management in the Mondragon Cooperatives," web.uvic.ca/ bcics/pdf/mapcanf/clamp/pdf (2010.03.03).

Clark, Charles M. A., "The Mondragón Corporación Cooperativa: An Interview with Juan M. Sinde, Chief Executive Deputy," *Review of Business* 25:1 (2004), 4~5.

Errasti, Anjel Mari, Heras, Iñaki, Bakaikoa, Baleren, Elgoibar, Pilar, "The Internationalzation of Cooperatives: The Case of the Mondragon Cooperative Coporation," *Annals of Public and Cooperative Economics* 74:4 (2003), 553~584.

Errasti Amozarrain, Anjel Mari, "Mondragón Cooperatives and Globalization," http://www.stthomas.edu/ cathstudies/cst/conferences/bilbao/papers/Errasti.pdf(2010.03.05).

Mathews, Race, "Mondragon: Past Performance and Furture Potential," Draft of a Paper in Honour of the late Prof. William Foote White in Washington 10 2002. http://cog. kent.edu/lib/ MathewsMondragon_ (COG)_g.htm.(2010. 03. 05)

Prades, Jacques, "L'énigme de mondragon comprendre le sens de l'expérience," *RECMA-Revue international de l'économie sociale* 296 (2005), 1~16.

Rolland, Sonia, "Mondragon Corporation Cooperatives, People Working Together," *UW-L Journal of Undergraduate Research* 9 (2006), 1~11.

Williams, Dana, "Work Change within Mondragon," http://gozips.uakron.edu/~dw2/papers/mondragon.pdf. (2010. 03. 23)

MODRAGON, "Introduction" http://www.mondraon-corporation.com

MODRAGON, "Management model" http://www.mondraon-corporation.com

MODRAGON, "Organisational Structure" http://www.mondraon-corporation.com

MODRAGON, "Our Economic Data" http://www.mondraon-corporation.com

2부 : 각 부문의 진화

호세 마리아 오르마에체아, 김성오 옮김, 『몬드라곤의 체험』 상·하, 신협중앙회, 1995.

Whyte, William Foote & Whyte, Kathleen King, *Making Mondragon: The Growth and Dynamics of the Worker Cooperative Complex*, Ithaca: Cornell University Press, 1991.(김성오 옮김, 『몬드라곤에서 배우자』, 나라사랑 1992.

MODRAGON, "Historical evolution" http://www.mondraon-corporation.com

MODRAGON, "Yearly report 1998" http://www.mondraon-corporation.com

MODRAGON, "Yearly report 1999" http://www.mondraon-corporation.com

MODRAGON, "Yearly report 2000" http://www.mondraon-corporation.com

MODRAGON, "Yearly report 2001" http://www.mondraon-corporation.com

MODRAGON, "Yearly report 2002" http://www.mondraon-corporation.com

MODRAGON, "Yearly report 2003" http://www.mondraon-corporation.com

MODRAGON, "Yearly report 2004" http://www.mondraon-corporation.com

MODRAGON, "Yearly report 2005" http://www.mondraon-corporation.com

MODRAGON, "Yearly report 2006" http://www.mondraon-corporation.com

MODRAGON, "Yearly report 2007" http://www.mondraon-corporation.com

3부 : 몬드라곤의 원칙과 가치

A. F Laidlaw, 『서기 2000년의 협동조합 − 1980년 모스크바 ICA 총회 보고서』, 한국협동조합연구소 출판부, 2001.

장종익·김신양, 『성공하는 협동조합의 일곱가지 원칙 – 협동조합의 정체성에 관한 ICA 선언』, 한국협동조합연구소 출판부, 2001.
호세 마리아 오르마에체아, 김성오 옮김, 『몬드라곤의 체험』 상·하, 신협중앙회, 1995.
Whyte, William Foote & Whyte, Kathleen King, *Making Mondragon: The Growth and Dynamics of the Worker Cooperative Complex*, Ithaca: Cornell University Press, 1991.(김성오 옮김, 『몬드라곤에서 배우자』, 나라사랑, 1992)
MODRAGON, "Historical evolution" http://www.mondraon-corporation.com
中川雄一郎, 『イギリス 協同組合思想研究』, 日本經濟評論社, 1984.
河野直踐, 『協同組合の時代』, 日本經濟評論社, 1994.

몬드라곤에 관한 모든 것 : Q&A로 알아보는 몬드라곤

MODRAGON, "Frequently asked questions" http://www.mondraon-corporation.com

4부 : 몬드라곤의 미래

MODRAGON, "Yearly report 2006" http://www.mondraon-corporation.com
MODRAGON, "Yearly report 2007" http://www.mondraon-corporation.com
MODRAGON, "Yearly report 2008" http://www.mondraon-corporation.com
MODRAGON, "Yearly report 2009" http://www.mondraon-corporation.com
MODRAGON, "Yearly report 2010" http://www.mondraon-corporation.com
안진회계법인, 『현대자동차와 그 종속회사 연결 감사보고서』, 2011.
현대자동차, 『현대자동차 투자정보』, 2011.
현대자동차 노동조합, 「2010년 단체협약서」(http://www.hmwu.or.kr)

5부 : 몬드라곤과 성장 패러다임의 전환

심상용, 「과거성장전략의 경로의존성과 혁신주도 동반성장의 과제에 대한 연구」, 『한국정책학회보』 14권 4호, 2005.
국민경제자문회의, 『동반성장을 위한 새로운 비전과 전략』, 교보문고, 2006.

진 스펄링, 홍종학 옮김, 『성장친화형 진보』, 미들하우스, 2009.

6부 : 한국의 경험과 확대 전략

김홍일, 「한국자활사업의 역사와 과제」, 『한국자활후견기관 워크숍 자료』, 2002.

김신양, 「자활후견기관 사업백서를 통해본 자활사업의 성과와 과제」, 『한구자활후견기관 워크
   숍 자료집』, 2006.

김신양, 「사회적 기업의 발전전망 및 과제」, 『논정연구센터 월례세미나 자료집』, 2011.

장종익, 『한국협동조합 섹터의 발전방향과 사회적 기업과의 연계가능성』, 함께 일하는 재단,
   2011.

우영균, 「이종협동조합 간 연대에 의한 지역공동체 운동 사례연구」, 『한국협동조합연구』
   제27집, 2009.

정은미, 「한국생활협동조합의 특성」, 『농촌경제』 제29권, 2006.

신성식, 『새로운 생협운동의 미래』, 푸른나무, 2011.

(재)아이쿱 협동조합연구소, 『한국생협운동의 기원과 전개』, 연구소 창립5주년 기념 심포지엄
   자료집, 2011.

좋은 벗에 대한 이야기, 몬드라곤

필자는 저의 오래된 제자입니다. 1992년도에 필자는 홍제동 정토법당에서 생활하며 『몬드라곤에서 배우자』를 번역했습니다. 새벽마다 예불을 드리고 아침에는 발우공양을 하고, 가끔 2박 3일 절 수행도 하면서 틈틈이 번역을 했던 걸로 기억합니다.

당시 정토회에서는 새로운 문명에 대해 많은 토론이 있었습니다. 한 1년 정도 도반들과 토론한 끝에 '맑은 마음, 좋은 벗, 깨끗한 땅'이라는 세 가지 주제가 새로운 문명의 화두라고 결론 내렸던 걸로 기억합니다. 몬드라곤은 '좋은 벗'에 대한 이야기입니다.

필자가 절에서 나가 직접 실천해보겠노라고 이야기하던 모습이 눈에 선합니다. "일에 빠지지 말고 일을 굴려라. 모든 일을 수행삼아 하라"고 얘기해 주었습니다. 세월이 벌써 이렇게 흘러 낼모레 쉰 살 다 된 제자가 추천사를 써달라고 하니 그때 일이 떠올라 감회가 새롭습니다.

『몬드라곤에서 배우자』와 『몬드라곤의 기적』이 두 권의 책이 많은 사람들로 하여금 사이좋게 살도록 하는 데 도움이 되기를 바랍니다. '사이좋음'은 남과 북, 동과 서, 넉넉한 사람과 모자란 사람, 기독교와 이슬람 사이에서뿐 아니라 직장 안에서, 가정 안에서도 지켜져야 할 이 시대의 가장 중요한 원칙이라고 생각합니다.

2011년 8월, 정토회 지도법사 법륜 합장

따뜻하고 다정한 공동체를 꿈꾸며

1992년 미국에서 돌아온 지 얼마 안 되었을 때, 동숭동 방송통신대학의 내 연구실에서 처음 필자를 만났다. 그때 그는 『몬드라곤에서 배우자』를 번역하고 있었던 걸로 기억한다. 처음 만남에서 우리는 기업지배구조에 대해 많은 이야기를 나누었다. 미국에서 공부하고 돌아온 내가 기업법 지식을 길고 지루하게 풀어헤치는 동안, 그는 꾹 참고 귀를 기울여주었다. 필자는 나에게 협동조합에 대해 이야기했던 것 같다. 지금 생각해보니, 나는 그에게서 무슨 활동가라기보다는 종교인 같은 느낌을 받았던 것 같다.

나는 미국에서 기업법을 공부하면서 이미 몬드라곤을 알고 있었다. 로버트 오크샷이나 조셉 블라시처럼 당시 미국과 영국의 진보적 사회경제학자들은 몬드라곤 협동조합에 큰 관심을 기울이고 있었고, 나는 이들과 교분을 갖고 있었다. "한국에 가면 이걸 한번 알려주자" 생각하던 차였다. 내가 움직이기도 전에 이미 관련된 책을 번역하고 있다는 소식이 반갑기도 하고 놀랍기도 했다.

첫 대화 이후 우리의 토론 주제는 몬드라곤 협동조합에서 노동조합의 경영 참여, 종업원지주제로 확장되었다. 1995년 무렵 민주주의 법학연구회에서 『민주법학』이라는 잡지를 만들 때, 필자에게 '한국에서 노동조합의 경영 참여'라는 주제로 원고를 부탁한 적이 있다. A4 용지로 약 30쪽 정도 되는 그 원고는 머리말, 본론, 결론으로 구성되었는데, 긴 본론 뒤에 쓴 결론을 보고 충격을 받았다. 거기에는 딱 두 마디가 쓰여 있었다. "제3부 결론. 문제는 실천이다."(필자는 편집자의 실수였노라고 해명했지만, 나는 그 해명을 믿지 않았다.)

1997년 외환위기 직후 나는 필자가 대표로 있던 '노동자기업인수지원센터'의 자문위원장을 맡았다. 그리고 2001년인가 내가 삼성 이건희 회장을 고발하는 '스탑 삼성' 운동을 벌일 때 필자는 사무국장을, 그의 부인은 홈페이지 관리자를 맡아주었다.

2011년 8월로 기억한다. 필자는 내게 『몬드라곤에서 배우자』의 번역을 가다듬어 복간하고 직접 쓴 책 『몬드라곤의 기적』과 함께 동시 출간하게 되었다는 사실을 알려주면서 추천사를 써달라고 부탁했다. 그를 만난 이후 처음으로 내게 청탁한 원고로 기억한다. 그때 나는 무상급식 투표 때문에 매우 바쁜 일정을 보내고 있었지만, 이 청탁을 수락하지 않을 수 없었다.

아마도 이 글을 쓰고 책이 출간된 뒤에야 그의 저서를 자세히 살펴보게 될 것이다. 하지만 몬드라곤 협동조합이 한국의 수많은 협동조합 활동가와 노동조합 운동가들, 그리고 경제학과 경영학 연구자들에게 신선한 발상의 전환을 일으킬 수 있다고 확신한다. 이것을 계기로 한국 사회가 좀 더 따뜻하고 다정한 공동체로 나아갈 수 있기를 희망한다.

2011년 9월, 서울특별시 교육감 곽노현

현실적이고 강력한 경제적 대안, 몬드라곤

'하늘에서 비가 오면 좋지만, 비가 오지 않을 땐 우물이라도 파자.'

정치는 기본적으로 '우물'에 관한 이야기다. 이상理想이 아니라 현실을 추구하는 것이 정치이기 때문이다. 따라서 정치를 한다면서 하늘에서 비가 내리게 하는 방법을 찾거나, 비가 오지 않는 모든 이유를 찾아내 투덜거리고 있어선 안 된다. 기우제를 지내도 비가 오지 않는다는 과학이 알려지기 전까지 정치는 주술이었다. 지금도 정치를 주술적 행위로 이해하는 사람들이 없지 않다. 그들은 비가 오지 않는 한 궁극적인 해결책은 없다고 믿고, 간절히 기도하면 언젠가는 비가 오리라 믿는 선량한 신앙인들과 흡사하다.

반대로 비가 오지 않는 이유를 누구보다 명확하게 분석하고 비가 와야 할 이유를 누구보다 실감나게 설명하는 이들은 과학적이다. 그렇게 과학적 인식으로 무장하고 열심히 비판하다 보면 반드시 비가 오리라는 신념에 찬 운동가들도 우리 주변에 여전히 많다.

하지만 정치는 주술도 과학도 아니다. 어디를 파면 가장 빠르고 쉽게 물을 찾을 수 있는지 알아내 바로 곡괭이질을 시작하는 게 정치다. 정치는 뭔가를 간절히 빌거나 격하게 비판하는 데 그 본령이 있지 않다. 정치는 권력을 획득함으로써 공공의 문제를 해결하는 데 궁극적인 목적이 있다.

몬드라곤 협동조합운동은 현실적인 대안 찾기로서의 '정치'처럼, 주술과 얼치기 과학을 포기한 이들이 찾아낼 수 있는 강력한 경제적 대안이라고 나는 확신한다. 진보주의자들은 자본주의의 피폐함 때문에 좀 더 인간적인 경제체제를 찾아 나섰고, 사회주의가 그 대안이 될 수 있으리라 보았다. 하지만 현실화된 사회주의는 경제체제로서의 작동 자체가 곧 한계에 부딪치는 한편 인간성조차 보장하지 못했다.

그에 따라 정치가 다시 돌아간 곳은 민주주의였다. 자본주의가 됐든 사회주의가 됐든, 시장과 국가의 힘을 민주주의 원리를 통해 제어해보려 했던 것이다. 반면 경제는 자본주의의 극단적 형태인 신자유주의 국면으로 가면서 악화 일로에 있다. 그래서 여러 가지 대안이 나오고 있다. 나 역시 경제적 대안이 없지 않다고 본다. 몬드라곤은 실재하는 하나의 경제체제이기 때문이다. 협동조합이라는 생산과 소비 방식을 운동에서 출발해 더 큰 규모의 경제체제로 발전시키는 일 정도면 우리가 마실 충분한 '우물 파기' 작업이 되지 않겠는가?

그런 점에서 한 시대를 지나 지금 다시 『몬드라곤에서 배우자』를 복간하고 필자의 소신과 한국의 현실, 변화된 시대를 반영하여 『몬드라곤의 기적』으로 한 걸음 내딛는 것은 정치로 우물을 파는 나로선 몹시 반갑고 시사적인 사건이다.

2011년 9월, 국회의원 김부겸